DIE BIBLIOPHILEN TASCHENBÜCHER

Lewis F. Day

Alte und neue Alphabete

Lewis F. Day

Alte und neue Alphabete

Reprint der Ausgabe von 1906

Mit einem Nachwort
von
Hans A. Halbey

Harenberg Edition

Harenberg Edition
Die bibliophilen Taschenbücher Nr. 603

Gesamtherstellung: Druckerei Hitzegrad, Dortmund
Printed in Germany

ALTE UND NEUE ALPHABETE

FÜR DEN PRAKTISCHEN GE-
BRAUCH NEBST EINER
EINLEITUNG ÜBER
„DIE KUNST IM
ALPHABET“

VON

LEWIS F. DAY

VERFASSER VON
'PATTERN DESIGN', 'ORNAMENT AND ITS APPLICATION'
ETC.

ZWEITE VERBESSERTE UND ERWEITERTE AUFLAGE
AUTORISIERTE DEUTSCHE BEARBEITUNG

KARL W. HIERSEMANN LEIPZIG
1906

VORWORT ZUR ZWEITEN AUFLAGE.

Die Alphabete, welche hier zusammengestellt sind, dienen nach Auswahl und teilweise auch der Zeichnung nach durchaus praktischen Zwecken: nämlich dem, die Entwickelung der Buchstabenformen zu verfolgen, ihre charakteristischen Gestalten in den verschiedenen Perioden aufzureihen, den Zusammenhang der Schriftweise mit den dabei gebrauchten Werkzeugen darzulegen und endlich auf die zahllosen Variationen und Spielarten hinzuweisen, welche sich aus den für uns ziemlich feststehenden Formen ergeben.

Man findet hier Muster nicht bloß für die Federschrift — denn die Feder stellt nur eines der mancherlei in Betracht kommenden Schreibmaterialien dar —, sondern für alle möglichen Techniken, die etwa bei schmuckweisem Schriftgebrauch zur Verwendung kommen mögen.

Der einleitende Artikel über die „Alphabetkunst" beabsichtigt den Zeichner nur gerade so weit zu unterrichten, daß er von allzu gebräuchlichen Typen abweichen kann, ohne seine Unkenntnis der Dinge zu verraten. Das Buch wendet sich eben an die Kunstbeflissenen, ohne irgend welche gelehrten Ansprüche in paläographischer Hinsicht zu erheben.

Die Gedanken, welche der Verfasser im Punkte der Zeichnung, immerhin mit einiger Bestimmtheit, ausspricht, beanspruchen nicht mehr als den Wert einer persönlichen Meinung und mögen von dem Leser demgemäß beurteilt werden.

Detailliertere Angaben über die verschiedenen Alphabete als bei den einzelnen Abbildungen und in der Einleitung zu geben möglich war, findet man in dem vorausgeschickten „Beschreibenden Verzeichnis der Abbildungen“.

Bei der Wiedergabe der alten Alphabete ist mit aller Sorgfalt der Charakter der älteren Schrift gewahrt worden; nur habe ich mir erlaubt, einige dort fehlende Buchstaben meinerseits zu ergänzen. Dem Gelehrten wird dies keinen Anstoß bieten, da er leicht die in den betreffenden Schriftperioden nicht vorkommenden Zeichen unterscheidet, während es dem ausführenden Arbeiter nur lieb sein kann, über so viele und vollständige Muster wie möglich zu verfügen. Das gegenwärtige Buch befaßt sich nur mit den Buchstaben des Alphabets und den entsprechenden Ziffern; ihre dekorative Verwendung bildet den Gegenstand eines besonderen Bandes, „Lettering in Ornament“ („Ornament-Schrift“).

In dieser neuen Auflage sind einige, das erste Mal nicht gut herausgekommene Abbildungen neu gezeichnet worden; andere sind durch bessere Beispiele ersetzt worden. Außerdem ist eine ganze Reihe neuer dazu gekommen, welche geeignet sind, dem Buche größere Vollständigkeit zu verleihen.

15, Taviton Street, London,
Dezember 1905.

LEWIS F. DAY.

VORWORT
DER VERLAGSBUCHHANDLUNG.

Es war ursprünglich meine Absicht, der vorliegenden gegen die frühere schon um 40 Abbildungen vermehrten zweiten Auflage einen Anhang beizugeben, in dem die neuesten und bedeutendsten Schrift-Alphabete der modernen deutschen Schriftgießereien zur Veranschaulichung kommen sollten, um damit ein vollständig abgeschlossenes Bild der Entwicklung des Alphabets bis in unsere Tage zu geben.

Leider stellten sich jedoch dem Plane Schwierigkeiten entgegen, die zur Folge hatten, daß die Absicht vorläufig noch nicht ausgeführt werden konnte. Ich bin nun zu dem Entschluß gekommen, diese zuerst als Anhang gedachte Ergänzung als einzeln käuflichen Supplement-Band herauszugeben und sobald es sich ermöglichen läßt, folgen zu lassen.

LEIPZIG, IM APRIL 1906.

KARL W. HIERSEMANN.

BESCHREIBENDES VERZEICHNIS DER ABBILDUNGEN.

1. GRIECHISCHES ALPHABET, aus einer Handschrift. Charakteristisch für die Feder. Vergleiche das B mit 45 und 46 und beachte auch die Ähnlichkeit von Ω mit W. 9. Jahrhundert.

2. KOPTISCHE HANDSCHRIFT. 10. Jahrhundert oder früher.

3. KOPTISCHE HANDSCHRIFT. 12. Jahrhundert.

4. KOPTISCHE HANDSCHRIFT. 14. Jahrhundert.

(2–4: Zu vergleichen mit dem Griechischen.)

5. MOESISCHE HANDSCHRIFT. Charakteristische Federschrift. 4. Jahrhundert.

6. RÖMISCHE HANDSCHRIFT. Mit der Feder gefertigt. A hat keinen Querstrich. Aufstriche dick und dünn. Vergleiche 43. 4. Jahrhundert.

7. HANDSCHRIFT, Feder. Rundes D und M. G hat einen Abstrich. 7. Jahrhundert.

8. RÖMISCHE UNZIALEN. Federschrift. 8. Jahrhundert.

9. RÖMISCHE „RUSTICA“. Federschrift. A hat keinen Querstrich. F und L erheben sich über die Linie. E, I, T schwer lesbar. 5. Jahrhundert.

10. RÖMISCHE VERSALIEN. Mit der Feder geschrieben. R hat dünnen Aufstrich. 6. Jahrhundert.

11. RÖMISCHE VERSALIEN. Federschrift. Vergleiche das viereckige O mit 17, 18, 48, 49. Zu beachten die Ausladung der Striche. 6. Jahrhundert.

12. BYZANTINISCHE VERSALIEN. 7. Jahrhundert.

13. ENGLISCHE INSCHRIFT. Von einem Denkmal für die Schwester Wilhelms des Eroberers. 1805 n. Chr.

14. FRÄNKISCH-GALLISCHE VERSALIEN. Überschrift eines Manuskriptes. Federschrift, bei der die gekräuselten Häkchen bemerkenswert sind. 7. Jahrhundert.

15. WESTGOTISCHE HANDSCHRIFT. Maurischer Einfluß bemerkbar. Beachte die langen und kurzen Buchstaben. 10. Jahrhundert.

16. SÄCHSISCHE BUCHMALEREI (Carolina). 9. Jahrhundert.

17. ANGELSÄCHSISCHE gravierte Formen.

18. ANGELSÄCHSISCHE Formen. Federschrift. 9. Jahrhundert.

19. LOMBARDISCH. Vom Baptisterium zu Florenz, in Marmor gemeißelt und mit Zement eingelegt. Vergleiche 41, 107, 108. 12. Jahrhundert.

20. ITALIENISCHE HANDSCHRIFT. Vergleiche damit 92. Anfang des 13. Jahrhunderts.

21. LOMBARDISCHE SCHRIFT von ungefähr 1250. In freier Wiedergabe.

22. VERSALIEN. 15. Jahrhundert.

23. DEUTSCHE GOTISCHE MINUSKEL. Gerundete Form. 15. oder 16. Jahrhundert.

24. DEUTSCHE GOTISCHE MINUSKEL. Eckigere Form. 15. oder 16. Jahrhundert.

25. GOTISCHE MINUSKEL. Eckige Form. 15. oder 16. Jahrhundert.

26. RÖMISCHE VERSALIEN, in Stein gehauen. Wetzlar. Um 1700.

27. KURSIV-MINUSKEL. 16. Jahrhundert.

28. RÖMISCHE VERSALIEN. Von einem Mosaik im Louvre. Die Gestalt der Buchstaben ist bis zu einem gewissen Grade durch die vier- und dreiseitigen Steinchen bestimmt.

29. GRIECHISCHE BUCHSTABEN in Bronze geschnitten. Museum zu Neapel. Der Graveur bohrte zuerst kleine Vertiefungen an den Endpunkten, um nicht mit dem Schnitt über die Linie hinauszugeraten. Ein ähnliches Verfahren beobachteten die griechischen Stempelschneider, daher die kleinen knopfartigen Erhöhungen an den Buchstaben-Enden der Münzlegenden. Wo wie beim A schon vorhandene Vertiefungen, also die Schenkel, den Querstrich aufhalten, wird dies erlaubt und ausreichend befunden; der Zweck der Bohrungen ist also klar.

30. RÖMISCHE BUCHSTABEN in Bronze geschnitten. Von antiken Gesetzestafeln aus Rom (aufgefunden 1521), jetzt im Museum zu Neapel. Die Einschnitte des Griffels sind ziemlich keilförmig. Man vergleiche die Keil-Inschriften und 170.

31. GOTISCHE BUCHSTABEN. Von der Kathedrale zu Cordova. In Stein gemeißelt. Die Oberfläche der Buchstaben ist eben, der Grund vertieft. Man bemerke die eckigen Formen. 1409. Vergl. 66.

32. GOTISCHE BUCHSTABEN in Kobalt gemalt auf glasiertem Tongeschirr. Im Viktoria-Albert-Museum. Meist spanisch-maurische Schüsseln des 15. und 16. Jahrhunderts. Die rankenartigen Endigungen verraten den Ursprung aus Pinselarbeit. Vergl. 33.

33. GOTISCHE SCHRIFT in Kobalt gemalt auf italienischen Majolika-Töpfen. Im Viktoria-Albert-Museum. Die Blüten- und Ranken-Manier verrät den Pinsel. 16. Jahrhundert. Vergl. 32.

34. LOMBARDISCHE INSCHRIFT in Metall. Der Grund in eigentümlicher Weise netzartig gehackt. Nordhausen. 1395. Vergl. 62 und 63.

35. RÖMISCHE VERSALIEN auf Holz gemalt. Von den Schubfach-Aufschriften eines Apothekerladens, jetzt im Germanischen

Museum zu Nürnberg. Der Gebrauch des Pinsels erklärt zum Teil die Gestalt der Buchstaben. 1727. Vergl. 36, 38, 39.

36. RÖMISCHE VERSALIEN auf italienischer Majolika gemalt. Im Viktoria-Albert-Museum. Ausgesprochene Pinselarbeit. 1518. Vergl. 35, 38, 39.

37. GOLDENE BUCHSTABEN mittels einer Spitze, vielleicht dem Ende des Pinsels ausgespart. Spanisches estofado. Von einem Bildrahmen im Viktoria-Albert-Museum. Aus dem vergoldeten, dann schwarz überzogenen Grunde wurde, so lange er frisch war, die Schrift herausgekratzt.

38. RÖMISCHE SCHRIFT auf Holz gemalt. Italienisch. 15. Jahrhundert.

39. RÖMISCHE SCHRIFT auf glasiertem Tongeschirr gemalt. Im Viktoria-Albert-Museum. Englisch. 18. Jahrhundert. Vergleiche die ähnliche Pinselarbeit 36.

40. GRIECHISCH. Von einer Athenischen Stele. In Marmor gemeißelt. Charakteristisch geradlinig. Einige Striche haben nicht die volle Buchstabenhöhe. Die zwei Seiten des Striches sind nicht immer parallel, sondern neigen dann und wann zum Keilförmigen. Der Kopfstrich des T schneidet nicht gerade ab, sondern verläuft frei. 394 v. Chr.

41. GRIECHISHCE INITIALEN. Aus einem Baseler Druck. Holzschnitt. Der Abschluß ist voll entwickelt. 16. Jahrhundert.

42. RÖMISCHE BUCHSTABEN, in Marmor gemeißelt. Von Inschriften auf dem Forum in Rom. Charakteristische Steinmetzarbeit. Vergl. 43.

43. RÖMISCH. Von Fragmenten im British Museum. In Stein gemeißelt. Bei E, F, L, P, R, T die Striche frei verlaufend. Zu beachten die verschiedene Wiedergabe desselben Buchstabens. 2. und 3. Jahrhundert.

44. ENGLISCH, IRISCH oder ANGEL-SÄCHSISCH. Aus illustrierten Handschriften. Die Bogen streben der Spirale zu. Große Sicherheit der Federführung. Verschiedene Formen desselben Buchstabens. Man beachte die langen Abstriche und die ungleiche Höhe der Buchstaben. 6. Jahrhundert.

45. LATEINISCHER CODEX. Die Schrift zwischen roten Linien. Erhebliche Verschiedenheit in der Form desselben Buchstabens. Beachte die eckigen C und G, die tiefen Einschnitte der B und R und vergleiche damit Alphabet 1. 7. oder 8. Jahrhundert.

46. GALLIKANISCHE VERSALIEN. Aus Handschriften. Vergleiche B und R mit den Alphabeten 1 und 45. 8. Jahrhundert.

47. IRISCH. Aus dem „Book of Kells". Illustriert. Beachte die eckige Form etlicher Buchstaben — das merkwürdige D-förmige O und die allgemeine Verdickung der Aufstriche beim Ausgangspunkt. Verschiedene Formen desselben Buchstabens. 8. Jahrhundert.

48. 49. ANGELSÄCHSISCH. Verschiedene Handschriften. Die Formen manchmal streng eckig, manchmal phantastisch fließend. Die Striche gehen zuweilen in Spiralen über oder in Flechtwerk, welches wohl auch in einen grotesken Kopf endigt. 8. und 9. Jahrhundert.

50. SÄCHSISCHE UND ANGELSÄCHSISCHE HANDSCHRIFTEN. Die Umrisse mit der Feder gezogen und innen mit verschiedenen Tinten ausgefüllt. Für logische Anwendung von dicken und dünnen Strichen hat der Schreiber keinen Sinn gehabt. Beachte das eckige C und S, das freiere T und U. 7., 8. und 9. Jahrhundert.

51. HANDSCHRIFTLICHE BUCHSTABEN. Ziemlich entsprechend dem strengen römischen Charakter, mit Ausnahme von D, E, G, P, U, in welchen gotische Eigentümlichkeiten sich zu zeigen beginnen, wohl eine Andeutung der künftigen Minuskel-Form. 10. Jahrhundert.

52. FRANZÖSISCHE HANDSCHRIFT. Farbige Initialen, mehr gotisch als römisch und in Blätterranken auslaufend. 12. Jahrhundert.

53. FRANZÖSISCH. Von den Toren der Kathedrale zu Le Puy. Holz. Mehrfach verschiedene Formen der Buchstaben. Die geschwungenen Linien charakteristisch gehörnt. Wahrscheinlich 12. Jahrhundert. Vergleiche damit 19.

54. DEUTSCHE HANDSCHRIFT. Initialen. Deutliches Erzeugnis der Feder. Weitabstehend von der eckigen römischen Form. 12. Jahrhundert.

55. GOTISCHE UNZIALEN. Aus den Arundel und Lansdowne Handschriften des British Museum. Mit ziemlich flotter Feder geschrieben. Englisch. Ende des 12. Jahrhunderts.

56. GOTISCHE UNZIALEN. Von einer Bibel im British Museum (No. 15 409). Ausgesprochene Federarbeit. 13. Jahrhundert. Vergl. 55.

57. GOTISCHE UNZIALEN. Von der Inschrift einer Bronze-Glocke in Hildesheim. 1270.

58. GOTISCHE UNZIALEN. Von einem Psalter aus St. Albans, jetzt im British Museum (2. B. VI). Federarbeit. 13. Jahrhundert. Vergl. 56.

59. HANDSCHRIFTLICHE VERSALIEN. Typische gotische Form. Geschlossene Buchstaben. Die Striche endigen in feine, weit ausladende gebogene Linien. 14. Jahrhundert.

60. ITALIENISCHE VERSALIEN. 14. Jahrhundert. Gezeichnet von J. Vinycomb.

61. EINGRAVIERTE GOTISCHE VERSALIEN. Aus Italien, Spanien und Südfrankreich. Um 1350.

62. und 63. GOTISCHE INSCHRIFTEN. Aus Nordhausen. In Metall geschnitten. 1395—1397.

64. ENGLISCHE INITIALEN. Aus einer Handschrift im British Museum. Auf zartem, rotem, mit der Feder gefertigten Ornamentgrunde. Um 1400.

65. ENGLISCH. Gotische Inschriften. Stein. Vom Denkmal Richards II. in der Westminster-Abtei und anderen aus derselben Zeit. Um 1400.

66. GOTISCHE BUCHSTABEN in Stein gemeißelt. Vertiefter Grund. Spanisch. 14. oder 15. Jahrhundert. Vergl. 31.

67. FEDERSCHRIFT. Streng und gerade einsetzender Typus, welcher zuletzt übermäßig verziert wird und zerfließt. 1420.

68. FRANZÖSISCH. Von der Inschrift auf einem Bilderrahmen im Louvre. Die leichte, aber charakteristische Krümmung und Verschlingung der Abschlüsse rührt vom Pinsel her. Beachte die Wiederkehr des geradwinkeligen C, welches mehr einer früheren Periode eigentümlich ist. 1480. Vergl. 183.

69. DEUTSCHE HANDSCHRIFT. Gotische Initialen. 15. Jahrhundert.

70. DEUTSCHE HANDSCHRIFTEN. Gotische Initialen. Charakteristisch ist die Verdickung der gebogenen Striche. Die Schwellung tritt nicht allmählich, sondern plötzlich ein; dies ist auch in anderen deutschen Handschriften derselben Zeit der Fall. 1475.

71. HANDSCHRIFTLICHE INITIALEN. Die Endungen wieder recht flott gestaltet; weil jedoch derartige Buchstaben (vergleiche auch 42 usw.) gewöhnlich farbig, meist rot sind, so verursachen ihre Ausläufer nicht solches Durcheinander in den Schriftreihen, wie es schwarze tun würden. Um 1475.

72. SPÄTGOTISCHE BUCHSTABEN. Holzschnitzerei in Relief. Man bemerke die blattartigen Endigungen bei sonst einfachen Formen. Französisch. Wahrscheinlich 15. Jahrhundert.

73 und 74. GOTISCHE MINUSKEL. Von Metall-Inschriften. Strenge, einfache Formen. Ende des 15. Jahrhunderts.

75. GOTISCHE SCHRIFT in Marmor gemeißelt. Deutsch. 1482.

76. ENGLISCHE SCHRIFT aus der Zeit Elisabeths. Von einer in Holz geschnittenen Inschrift zu Nord Walsham. Norfolk. Vergl. 181.

77. INITIALEN. Von zartem, mit der Feder in Rot gezeichnetem Ornament eingerahmt. 16. Jahrhundert.

78. GOTISCHE VERSALIEN. 16. Jahrhundert.

79. GOTISCHE MINUSKELN. Nach dem Abklatsch von einer Gedenk-Inschrift. Vlämisch. 1579.

80. VLÄMISHCE MINUSKEL. Von einer Gedenktafel in S. Jakob zu Brügge. In Stein. Neigung, die Striche der Buchstaben überhängend zu machen und zu verflechten, wie es zu der Zeit beim Arbeiten in Erz oder Stein sehr üblich war. 16. Jahrhundert.

81. ITALIENISCH. Gotische Initialen. Aus einem Choralbuch auf Monte Cassino. In farbigem, mit der Feder gezeichnetem Rahmenwerk. 16. Jahrhundert.

82. ITALIENISCHE INITIALEN. Breite Federschrift im spätgotischen Charakter, weder so steif, noch so verziert wie die typische deutsche Schrift der Zeit. 15. und 16. Jahrhundert.

83. ITALIENISCHE GOTISCHE VERSALIEN. Nach Ludovico Curione. Federschrift. (Vergl. das Deutsche 85.) 16. Jahrhundert.

84. GOTISCHE VERSALIEN. Von Albert Dürer. Mit der Feder geschrieben. (Vergleiche damit 83 und 84.) Frühes 16. Jahrhundert.

85. DEUTSCHE MINUSKEL. Albrecht Dürer. (Vergleiche das Italienische 83.) Frühes 16. Jahrhundert.

86. ITALIENISCHE GOTISCHE VERSALIEN. Nach Cresci u. A. Federarbeit. 1570.

87. ITALIENISCHE MINUSKEL. Aus dem Schriftenbuch des Vespasiano. Diese Buchstaben sind außerordentlich wohl gestaltet. Man beachte die zweite Form des r. 1556.

88. ITALIENISCHE MINUSKEL. Aus dem Original-Schriftenbuch des Ludovico Vicentino. Ein gutes Beispiel der sogenannten

Bandschrift. Wenn man die gehauenen oder gestochenen Grundstriche einmal anfing als Bänder zu betrachten und selbst durch geringe Einschnitte das Motiv des Umlegens anzudeuten (vergl. 80), so war es unvermeidlich, schließlich auch zu Dingen wie den vorliegenden zu gelangen. — Allerdings üppig, aber phantasievoll. Jede Buchstabenform könnte so behandelt werden, aber das Gotische eignet sich besonders für die Anwendung. 16. Jahrhundert.

89. ITALIENISCHE MINUSKEL. Von Vicentino. Aus seinem Original-Schreibbuch. Die Schrift ist verziert, aber nicht ganz in der deutschen Art. 1523. (Vergleiche das Deutsche 85.)

90. ITALIENISCHE GOTISCHE MINUSKEL. Aus dem Schreibbuch des Palatino. Geradlinig, mit sorgsam ausgeführten rankenden Endungen. Die Form verrät den Graveur. 1546.

91. ITALIENISCHE VERSALIEN. Aus dem Schriftenbuch des Lud. Vicentino. Die Umrißlinie der Buchstaben verläuft in Flechtwerk, aber der Knoten hält sich ungefähr in der Dicke des Buchstabens; und obwohl so die Umrißlinie gebrochen, ist die Form des Buchstabens genügend gewahrt. Dieses Auflösen des Buchstabens in Bänderwerk, an den breitesten Stellen, war bei Initialen des 16. Jahrhunderts nicht ungewöhnlich. Es liegt auf der Hand, daß jede Buchstabenform nach dieser Manier gestaltet werden könnte. 1523.

92. ITALIENISCHE INITIALEN. Aus dem Original-Schreibbuch des G. F. Cresci. Eine phantasievolle, elegante Ausgestaltung der in gotischer Schrift vorkommenden Formen. Die gewöhnliche Umrißlinie ist, sozusagen, ornamental zerfressen. (Vergleiche damit 20.) 1570.

93. ITALIENISCHE GOTISCHE VERSALIEN. Aus dem Schreibbuch des G. F. Cresci. Offenbar bis zu gewissem Grade vom Römischen beeinflußt. 1570.

94. ITALIENISCHE MINUSKEL. Aus dem Schriftenbuch des G. F. Cresci. Im römischen Charakter. 1570.

95. SPANISCHE GOTISCHE VERSALIEN. Aus dem Schreibbuch des Juan Yciar. Die Formen des K und Y sind ungewöhnlich. Erste Hälfte des 16. Jahrhunderts.

96. GOTISCHE INITIALEN. Holzschnitt, in Verbindung mit Druck-Typen. Ende des 16. Jahrhunderts.

97. VON EINER METALL-INSCHRIFT auf Herzog Albert von Sachsen, in Meißen. Mitteldinig zwischen römischen und gotischen Typen. 1500.

98. RÖMISCHE BUCHSTABEN. Von der Inschrift eines Bronze-Denkmals von Peter Vischer. Nürnberg 1495.

99. RÖMISCHE BUCHSTABEN in Marmor gehauen. Florenz. 15. Jahrhundert.

100. RÖMISCHES ALPHABET. Graviert von Heinrich Aldegrever. 1530.

101. TYPISCHE ITALIENISCHE RENAISSANCE. „Römische“ Versalien von Serlio. 16. Jahrhundert. (Vergleiche 42, Römisch).

102. DEUTSCHE VERSALIEN. Von Daniel Hopfer. „Renaissance“ oder „Römisch“, aber nicht ohne Spuren noch andauernden gotischen Einflusses. 1549.

103. DEUTSCH. Von Inschriften in Bingen und anderwärts. In Stein. Sie zeigen manche Freiheit von seiten des Steinmetzen. 1576, 1598, 1618.

104. KURSIV. Die schräge Form rührte natürlich von dem Gebrauch der Feder her, aber sie war weitverbreitet bei den Steinmetzen des 17. und 18. Jahrhunderts, welche sogar die sehr ausgeführten Ranken des Schreibmeisters kopierten. (Vergleiche 105.) 17. Jahrhundert.

105. ENGLISCHE KURSIV-SCHRIFT. Von Denkmälern in der Westminster-Abtei. Stein-Arbeit in Nachahmung der Federschrift, für den Meißel nicht charakteristisch. 1665.

106. ENGLISCHE RÖMISCHE SCHRIFT. In Steinplatten gemeißelt zu Chippenham und anderwärts. 1697.

107. DEUTSCHE VERSALIEN. Aus dem Germanischen Museum zu Nürnberg. Auf die hölzernen Schubkasten eines alten Apothekerladens gemalt. Beachte die Ausbauchungen der runden Striche. (Zu vergleichen 108 und 19.)

108. DEUTSCHE VERSALIEN. Von J. H. Tiemroth in Arnstadt. Federarbeit. Von den Titeln einer Serie von Aquarellen nach Pflanzen. Beachte die Schwellung der gekrümmten Striche und vergleiche 107 und 19 damit. Hier und da zeigt ein Buchstabe Neigung, in die Kursive zu fallen. 1738—48.

109. DEUTSCHE MINUSKEL. Römische Buchstaben. Aus Bamberg, in Messing graviert, der Hintergrund weggeschnitten. Bemerkenswert der Stachel am Schnittpunkt der langen Buchstaben, um den Parallelismus der Schriftlinien zu betonen. 1613.

110. DEUTSCHE BUCHSTABEN. Von Inschriften in Osnabrück. Zwischen Majuskel und Minuskel schwankend. In Stein. 1742—56.

111. DEUTSCHE MINUSKEL. Von einem Denkmal im Dome zu Würzburg. In Schiefer geschnitten. 1617.

112. DEUTSCH. Von einem Denkmal zu Würzburg. In Schiefer. Versalien gelegentlich unter Minuskeln gemengt. 1784.

113. FRANZÖSISCH. Aus der Zeit Ludwigs XV., von Laurent. Ein Fall, bei welchem Rokoko-Rollwerk und Blumen in die Form von Buchstaben — hier in die der Schreibschrift — gezwängt worden sind. 18. Jahrhundert.

114. FRANZÖSISCH. Ein weniger auffallendes Beispiel aus der Zeit Ludwigs XV., von E. Guichard. Man möchte hier genauer sagen, daß die Gestalt des Buchstabens in Ornament aufgelöst ist. 18. Jahrhundert.

115. ENGLISCHE KANZLEISCHRIFT. Aus Andrew Wrights „Court Hand Restored“, einem Buch, welches bestimmt war, die Gelehrten bei Entzifferung alter Urkunden zu unterstützen. Das Buch erschien 1815; aber der Schriftcharakter ist wenigstens aus dem 14. Jahrhundert, und die Form mag ein Jahrhundert oder länger vorher in Gebrauch gewesen sein.

116. HEBRÄISCHES ALPHABET.

117. HEBRÄISCHES ALPHABET. Ornamentale Gestaltung. Aus Sylvestre's „Palaeographie“. Beinahe identisch mit einem italienischen Alphabet des 16. Jahrhunderts von Palatino.

118. MODERN RÖMISCH. Versalie und Minuskel, ohne End-Querstriche. Diese dünnen Buchstaben, durchweg von gleicher Stärke, werden zuweilen als „Skelettschrift“ bezeichnet.

119. MODERN RÖMISCH. Majuskeln und Minuskeln, von französischem Typus, elegant gestaltet und gespornt. Gezeichnet von Vinycomb.

120. MODERNE RÖMISCHE VERSALIEN. Eine Version des französischen Typus (119). Nach L. F. Day.

121. MODERNE RÖMISCHE VERSALIEN, nicht ganz vom üblichen Charakter und Verhältnis. (Vergleiche 101.) L. F. Day.

122. MODERNE RÖMISCHE VERSALIEN UND ZIFFERN — eher vom Meißel als von der Feder eingegeben. Von Architekt J. Cromar Watt.

123. MODERNE RÖMISCHE VERSALIEN UND MINUSKELN, etwas freier gestaltet, als die vorhergehenden. J. W. Weekes.

124. ENGLISCH. Römische Versalien und Ziffern, von William Caslon. Drucktype „old face“. 18. Jahrhundert.

125. ENGLISCH. Römische kleine Buchstaben sowie große und kleine Kursiv-Buchstaben, von W. Caslon. Drucktypen „old face“. 18. Jahrhundert.

126. MODERNE DRUCKTYPE, für Buchdruck weniger geeignet als für Schau-Aufschriften. Gegossen von Stephenson & Blake in Sheffield.

127. MODERNE „ZERDRÜCKTE“ TYPE, für Schau-Aufschriften. Gezeichnet in der Gießerei De Vinne, New York.

128. MODERNE FRANZÖSISCHE TYPE. Gezeichnet von Grasset, in Frankreich zum Buchdruck gebraucht. Eine englische Version ist für Annoncen u. dergl. in Gebrauch.

129. MODERNE BLOCKSCHRIFT-VERSALIEN, hauptsächlich auf das Römische basiert. Nach W. J. Pearce's „Painting and Decorating“ (Ch. Griffin & Co. Lim., London).

130. MODERNE RÖMISCHE „BLOCKSCHRIFT“, Majuskel und Minuskel; fälschlich „Egyptienne“ genannt. J. W. Weekes.

131. MODERNE RÖMISCHE MAJUSKEL UND MINUSKEL. Federschrift. Von Architekt Roland W. Paul.

132. MODERNE, EIGENTLICH GOTISCHE VERSALIEN. Federschrift. R. W. Cowtan.

133. MODERNE MAJUSKEL UND MINUSKEL, der flüchtigen Hand sich nähernd. R. K. Cowtan.

134. MODERNEN MAJUSKEL UND MINUSKELN. R. K. Cowtan.

135. MODERNE RÖMISCHE KURSIVE, Majuskel und Minuskel, „im alten Stil“. J. Vinycomb.

136. MODERNE RÖMISCHE KURSIV-VERSALIEN, einigermaßen mit mit Schreibschrift-Charakter. L. F. Day.

137. MODERNE MAJUSKEL- UND MINUSKEL-BUCHSTABEN und Ziffern, mit mehr Rundung in den Strichen, als in der typischen römischen Art. J. W. Weekes.

138. MODERNES ALPHABET FÜR FEDERSCHRIFT. Von Architekt Bailey Scott Murphy, der es als Freihand-Arbeit bezeichnet, „ohne geometrische Hilfsmittel“.

139 und 140. GESCHRIEBENE ZEICHEN. Von R. Anning Bell. Bei Drucktypen würde der Künstler wohl größere Ge-

nauigkeit angestrebt haben, während er so die Freiheit des Entwurfs wirken läßt.

141 und 142. MODERNE ARCHITEKTEN-ALPHABETE, Majuskeln und Minuskeln, mit Ziffern und Worten, um die Anpassung jedes Buchstabens an die folgenden zu zeigen. Als charakteristisches Erzeugnis der Feder entworfen. Von Architekt A. Beresford Pite.

143. MODERNE KURSIV-VERSALIEN. Von Walter West. (Leider ist in unserer Wiedergabe von der Feinheit der Federzeichnung viel verloren gegangen.)

144. MODERNE FEDERSCHRIFT. Von B. Waldram.

145. MODERNE RÖMISCHE VERSALIEN in Federzeichnung. Von B. Waldram.

146. MODERNE RÖMISCHE TYPE, französisch, nach Serlio. Vergl. 101.

147. MODERNE FEDERSCHRIFT-UNZIALEN. Von B. Waldram.

148. MODERNE FEDERSCHRIFT-MINUSKELN. L. F. D.

149. MODERNE VERSALIEN, vom Gotischen inspiriert. W. J. Pearce.

150. MODERNE VARIATION DER GOTISCHEN MINUSKEL, etwas phantastisch, aber nicht so abweichend von den gewöhnlichen Formen, um schwer leserlich zu sein. L. F. Day.

151. MODERNE GOTISCHE VERSALIEN, auch absichtlich phantasievoll, aber ohne der üblichen Form große Gewalt anzutun. Ein Alphabet, welches nur die kleinste Annäherung an Zeichnung zeigt, ist immer in Gefahr, für unleserlich gehalten zu werden. Lesbarkeit ist für die Meisten die vorherrschende Rücksicht; aber es gibt, wenn auch seltene, Fälle, in denen es gestattet ist, den Sinn für die Beteiligten so weit zu verbergen wie hier.

152. MODERNE VERSALIEN UND ZIFFERN. Nach Patten Wilson.

153. MODERNE VERSALIEN, vom Gotischen abgeleitet, aber spielender behandelt als 121. L. F. Day.

154. MODERNE VERSALIEN. Mehr oder weniger spielende Abarten gebräuchlicher Formen. L. F. Day.

155. MODERNE VERSALIEN UND MINUSKELN. Mit der Feder gezeichnet. L. F. Day.

156. MODERNE MIT FEDER GEZEICHNETE BUCHSTABEN. Ziemlich phantastisch behandelt. Deutsch.

157. MODERNE NACHBILDUNG FRÜHER GOTISCHER VERSALIEN, der Gravierung in Metall angepaßt. L. F. Day.

158. MODERNE VERSALIEN. Verschlungene, stumpfe Pinselzüge. Auch bei aufgenähter Schnurarbeit leicht anwendbar. L. F. Day. Vergl. 179.

159. MODERNE VARIATION NACH RÖMISCHEN VERSALIEN. Grobe Pinselmalerei L. F. Day.

160. MODERNE VERSION FRÜHER SPANISCHER BUCHSTABEN. Geeignet, vom Gravierenden mit einem Zug eingegraben zu werden. L. F. Day.

161. MODERNE DEUTSCHE GESTALTUNG RÖMISCHER VERSALIEN. Aus Otto Haupt's „Alphabete und Ornamente". (Fr. Bassermann'sche Verlagsbuchhandlung in München.)

162. MODERNE VERSALIEN für Gravierung. L. F. Day.

163. MODERNE VERSALIEN zur Ausführung mit der Feder durch einfache Striche. L. F. Day.

164. MODERNE VERSALIEN, eher gotisch, als römisch, welche (wie in alter Zeit häufig) in Rankenwerk auslaufen, das eine Art Hintergrund für den Buchstaben bildet. Von L. F. Day für Matthew Bell gezeichnet.

165. MODERNE DEUTSCHE GOTISCHE VERSALIEN. (Frakturschrift.) Mit der Feder geschrieben. Von Otto Hupp. In der späteren deutschen Form artete die Schreibkunst wild aus. Der Buchstabe ist oft gar nicht loszulösen aus dem Schnörkelgewirr, in dem er verstrickt ist. Hupp hat die Übertreibung des einheimischen Stils vermieden. Wer mit dem Deutschen vertraut ist, unterscheidet sofort das

Wesentliche von den kalligraphischen Zutaten. Die goldene Mittelstraße würde natürlich da liegen, wo gegen die Ornamente der eigentliche Buchstabe sich hinreichend deutlich abhebt. Dies ist auch bei 164 angestrebt worden.

166. MODERNE DEUTSCHE GOTISCHE VERSALIEN. Otto Hupp. Aus „Alphabete und Ornamente“.

167. MODERNES, MIT FEDER GEZEICHNETES ALPHABET. Von Otto Hupp. Aus Rudolph v. Larischs „Beispiele künstlerischer Schriften.“

168. MODERNE GOTISCHE VERSALIEN, auch mit dem Kiel gefertigt. Die Formen sind für die Ausführung mit zwei Zügen der Feder gezeichnet. Walter Crane.

169. MODERNE MAJUSKEL UND MINUSKEL, direkt geschrieben mit dem einfachsten Strich eines Federkiels. Walter Crane.

170. MODERNE VERSALIEN, mit besonderer Rücksicht auf direkte und leichte Wiedergabe durch den Meißel erfunden, wobei die assyrischen Inschriften die Erkenntnis geliefert haben, daß die keilförmig gestaltete Inschrift am leichtesten in Stein geschnitten werden kann. (Siehe Seite 30). Alfred Carpenter und L. F. Day.

171. GOTISCHE MINUSKEL. Aus der Kirche des hl. Franziskus zu Prato. Einfache Formen in Marmor gehauen und mit Zement gefüllt. Um 1410.

172. MODERNE MINUSKEL. Von einer auf Lithographenstein geätzten Inschrift Johann Tischbergers, welcher 1765—70 in Nürnberg Schreiblehrer war. Die Ausführung ist weder für Schreib-, noch Mal-, noch Schnittwerkzeuge charakteristisch.

173. NEUE VERSALIEN, für Holzschnitzerei gezeichnet. Das typische Ornament der Periode Elisabeths, Jakobs und Heinrichs II. ist angewendet als Beweis für die Leichtigkeit, mit welcher bandartige Formen mit dem Hohlmeißel hervorzubringen sind. L. F. Day.

174. MODERNES ALPHABET. Gezeichnet für Gravierung in Silber. Das Schwarze bedeutet die (vertieften Teile der) Fläche und ist zu verstehen etwa wie bei einem Papier-Abklatsch. L. F. Day.

175. DEUTSCH. Von der Inschrift eines Denkmals für den Grafen von Lewenstein im Dom zu Bamberg. In Metall geschnitten. Eine Art Mittelding zwischen Majuskel und Minuskel. 1464.

176. MODERNE VERSALIEN, in fortlaufender Linie so gezeichnet, wie sie sich etwa bei einer auf Samt genähten Silberschnur ergeben würden, also für Broderie geeignet. Die fließende Linie ist hier durch die Umstände geboten, wie auf 178 die eckigen und quadratischen Buchstabenformen durch die Maschen des Leinwandgrundes. Dieses Alphabet kann ebensogut mit vollem Pinsel vorgezeichnet und in Malerei oder Gips ausgeführt werden.

177. MODERNE VERSALIEN, in dünnem Metallblech getrieben. Für Form und Charakter der Buchstaben war die Leichtigkeit im Heraushämmern maßgebend. L. F. Day.

178. GESTICKTES ALPHABET, auf Grundlage mehrere Buchstaben in einem alten englischen Stickmuster zusammengestellt. Die Eckigkeit der Formen ist natürlich eine Folge des Arbeitens auf den durch die Maschen des Kanevas gegebenen Linien und charakteristisch für eine gewisse Art sehr einfacher Nadelarbeit. L. F. Day. (Vergleiche 180 und 184 und die Bemerkungen zu 176.)

179. MODERNE VERSALIEN UND MINUSKELN. Die Striche sind in feuchtem, dann gebrannten Ton geritzt. Die Form der Buchstaben ist derart, daß sie ganz leicht mit einem Stichel oder Stylus eingegraben werden konnten, und charakteristisch für die Verwendungsart. L. F. Day. (Vergleiche 158, 159, 160.)

180. RÖMISCHE VERSALIEN. Aus dem Stickmusterbuch des Giovanni Ostans, zur Arbeit auf quadratischen Maschen

eingerichtet. Charakteristisch für die Ausführungsmethode, nicht für irgend eine Periode. (Vergleiche 178). 1591.

181. Von ziemlich roh geschnitzten Inschriften auf einem Balken aus Ulmenholz, jetzt im Victoria-Albert-Museum. Die eingeschnittenen Linien an der Vorderseite der Buchstaben G, J, K, Q, X, Z fehlen. Englisch. 1638. (Vgl. 76).

182. MODERNES GOTISCHES BAND-ALPHABET. In Messing graviert. Der Grund netzweise gehackt. Älteren Mustern nachgebildet von Otto Hupp.

183. Von einer Längsinschrift, die um den ersichtlich alten Goldrahmen eines alten Gemäldes (Jüngstes Gericht, von Jean Provost von Mons, † 1529) herumläuft. Aufgemalt. Vlämisch. Die fehlenden Buchstaben sind in Umrissen angedeutet. (Vergl. 68.)

184. MODERNES ALPHABET in geraden Linien, nach der eckigen Form der chinesischen Schrift. L. F. Day. (Siehe S. 30 und vergleiche 178.)

185. MODERNES ALPHABET nach der japanischen Pinsel-Schrift. L. F. Day. (Siehe S. 30.)

186. MODERNE FEDERSCHRIFT-BUCHSTABEN, nach Mucha.

187. MODERNES SCHABLONEN-ALPHABET nach älteren Mustern hergestellt von E. Grasset und M. P. Verneuil.

188. MODERNE DEUTSCHE MINUSKEL. Phantasievoll behandelt. Nach Franz Stuck, aus verschiedenen seiner Entwürfe in den „Karten und Vignetten" zusammengetragen.

189. MODERNES MINUSKELN-ALPHABET. Von Selwyn Image. Eine Probe seiner gewöhnlichen Federschreibmanier, als Beispiel angeführt, wie eine moderne Handschrift zugleich kalligraphischen Charakter tragen kann.

UND (&)-ZEICHEN.

190. UND-ZEICHEN aus verschiedenen Handschriften des 7. bis 15. Jahrhunderts.

191. UND-ZEICHEN. Freie Wiedergabe von Beispielen aus dem 16. Jahrhundert bis auf den heutigen Tag. In der Kopfzeile ist der Zusammenhang zwischen dem angenommenen Zeichen & und den Buchstaben ET, woraus es zusammengezogen ist, kenntlich.

ANMERKUNG. Andere Beispiele von Und-Zeichen kommen vor in den Abbildungen 105, 119, 123, 124, 127, 128, 135, 139, 146, 152, 155.

ZIFFERN.

192. DEUTSCH. IN STEIN GEHAUEN. Die Form der 4 ist der Periode eigen; die 7 ist, sozusagen, nach vorn gefallen. 1477.

193. VERSCHIEDENE DATEN DES 15. JAHRHUNDERTS. Vlämisch und deutsch. 1491 ist in Holz geschnitzt, 1439 in Stein gehauen, 1499 in Messing gegraben.

194. 15. JAHRHUNDERT. Deutsch. In Stein.

195. DATEN VON 1520 BIS 1545. Hauptsächlich in Messing oder Bronze. Die Zahlen in Relief und ausgestochen.

196. ZIFFERN DES 16. JAHRHUNDERTS, 1520—1531 usw. Deutsch. In Bronze oder Messing.

197. NÜRNBERG. Bronze. Ungefähr 1550.

198. DEUTSCH. Bronze. 1560.

199. ITALIENISCH. Auf Faience, mit dem Pinsel gemalt. 1560.

200. PINSEL-ARBEIT. 16. oder 17. Jahrhundert.

201. ITALIENISCH. Aus einem Choralbuch. Federschrift. (Vergleiche 83 und 87.) 16. Jahrhundert.

202. VERGOLDETE ZIFFERN auf schwarzem Grund. Pinselarbeit. 1548?

203. IN HOLZ GESCHNITTEN. 1588.

204. MESSING. 16. Jahrhundert.

205. AUF GLAS GEMALT. 16. Jahrhundert.

206. MIT DEM PINSEL GEMALT. 16. oder 17. Jahrhundert.

207. ROTHENBURG. In Stein. Die 4 läßt den Ursprung der Form des 15. Jahrhunderts erraten; es ist eine gewöhnliche, halb herumgedrehte 4. 1634.

208. RÖMISCHE ZIFFERN. Auf einer bronzenen Sonnenuhr. Schweizerisch. Die Zahlen im Relief. Ausgestochen. 1647.

209. IN STEIN. 1692.

210. VERSCHIEDENE DATEN. 1633, Holz in Relief. 1625, in Holz geschnitten. Die andern in Erz gegraben oder in Stein geschnitten. Die 1 in 1679 gleicht dem Buchstaben *k*, ein bei deutschen Inschriften des 17. Jahrhunderts nicht ungewöhnlicher Fall.

211. VERSCHIEDENE ZIFFERN DES 18. JAHRHUNDERTS. Die vollständige Serie ist aus einem englischen Schriftenbuch (Curtis), 1732. Die Daten sind in Stein gehauen.

212. DATEN VON DENKMÄLERN. Stein und Messing. 18. Jahrhundert.

213. NUMMERN VON EINEM ALTEN MASSTABE. Messingdraht-Einlage in hartes braunes Holz. 1740.

214. VERSCHIEDENE DATEN. 1573, vlämisch, in Stahl graviert. 1747, deutsch; gewundener Messingdraht, in Holz eingelegt.

215. PHANTASIE-ZIFFERN. L. F. Day.

216. MODERN.

217. MODERN. (Vergleiche 158, 159, 176.) L. F. Day.

218. MODERN DEUTSCH. Alois Müller.

219. MODERN. (Vergleiche 151.) L. F. Day.

Andere Ziffern finden sich in den Abbildungen:

105. A. D. 1665.

106. A. D. 1697.

DIE KUNST IM ALPHABET.

Unter zwei Bedingungen mag es dem Künstler erlaubt sein, sich am Alphabete zu versuchen. Was er auch tut, es soll, in erster Linie, das Lesen leichter und, in zweiter Linie, die Schrift für das Auge angenehm machen. Aber keines dieser beiden erstrebenswerten Ziele dürfte auf Kosten des andern verfolgt werden.

Um das Lesen zu erleichtern, muß man das Charakteristische im Buchstaben erkennen, das ihm Eigentümliche entwickeln, und kürzen oder abschneiden, was dazu dienen kann, ihn mit einem andern zu verwechseln. Kurz, man muß die Individualität jedes individuellen Buchstabens hervorheben und ihn unverkennbar machen. Und weshalb sollte das Lesen nicht ebenso angenehm wie leicht gemacht werden? Schönheit ist erstrebenswert. Natürlich darf sie den Gebrauchswert nicht beeinträchtigen. Aber warum auch? Die Schönheit erfordert nicht notwendig Beiwerk oder Ornament. Im Gegenteil, Einfachheit und Charakter und die Würde, welche von ihnen ausgeht, sind ebenso im Interesse der Brauchbarkeit wie der Kunst zu fordern.

Es ist unmöglich, die Buchstaben des Alphabets, so wie es ist oder zu einer gegebenen Zeit war, verständnisvoll zu modifizieren, ohne durchaus zu wissen, wie es so geworden ist. Gestalt und Gesicht der Buchstaben erklären sich nur aus ihrer Abstammung.

Alles Schreiben ist eine Art von Kurzschrift. Unvermeidlich werden die zur Darstellung von Lauten angewendeten Gebilde auf die einfachste Form reduziert. Sie werden am Ende bloße Zeichen, dem Gegenstande, welcher sie anfangs eingegeben haben mag, ebenso ungleich wie eines Mannes Unterschrift, welche sein Bankier doch honoriert, dem Namen unähnlich sein kann: genug, wenn die Schrift mitteilt, was wir verstanden wissen wollen: die Aufgabe eines Buchstabens ist es, einen bestimmten Ton zu versinnlichen.

Wir kommen dann durch den Verlauf sogenannter Entartung — nennen wir es besser Anpassung — der natürlichen Formen, wie sie anfangs in der Bilderschrift angewendet wurden, zu einem Alphabet scheinbar willkürlicher Zeichen, zu dem Alphabet, welches wir kennen, nachdem ein paar tausend Jahre und mehr darüber hingegangen. Wir kennen es so gut, daß wir selten daran denken, uns zu fragen, was die Buchstaben bedeuten oder wie sie wurden.

Die Erklärung dieser Formen liegt in ihrer Entwicklung.

Unser Alphabet ist das der Römer. Römisch nennen wir es heute zur Unterscheidung vom Gotischen. Die Römer hatten es von den Griechen oder, wenn nicht unmittelbar von ihnen, doch aus denselben Quellen.

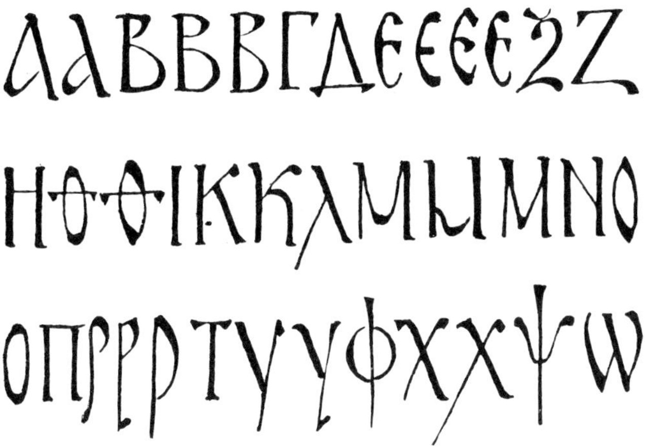

1. Griechische Handschrift. 9. Jahrhundert.

Gewiß waren das griechische, etruskische und alte römische Alphabet alle sehr ähnlich. Sie glichen einander in der Zahl, im Klangwert und in der Gestalt der Buchstaben. Sechzehn Buchstaben waren den Griechen, Etruskern und Pelasgern gemein: *ΑΒΓΔΕΙΚΛΜΝΟΠΡΣΤΥ*; und diese Zahl genügte den Etruskern für immer, der Rasse, welche ausstarb, bevor sie mehrer bedurfte. Die Griechen hatten nicht mehr (wie sie die Egypter hatten) Zeichen zur Darstellung von Silben, d. h. Kombinationen von Vokalen und Konsonanten, und sie vermehrten das alte pelagische oder Eingeborenen-Alphabet (woher es immer stammen mag) um

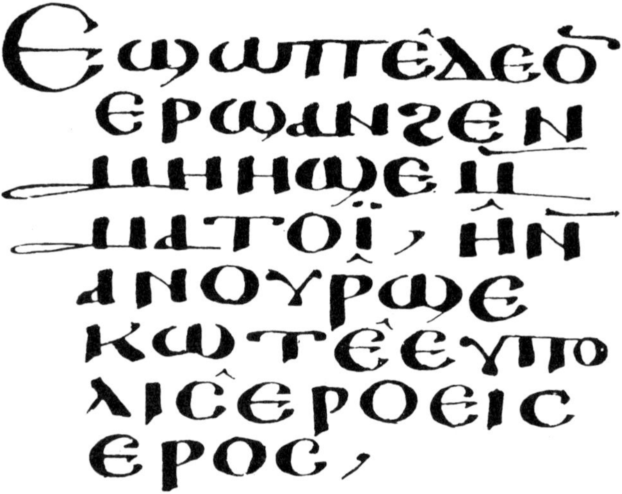

2. Koptische Handschrift. 5. bis 10. Jahrhundert.

verschiedene Buchstaben, die notwendig waren, um neue, den Phöniziern entlehnte, Worte auszudrücken. Natürlich nahmen sie auch die Buchstaben von ihnen. Die Phönizier ihrerseits hatten wahrscheinlich von den Egyptern Zeichen übernommen, um fremde, ihrer Sprache neue Laute auszudrücken, ohne den bildartigen Ursprung dieser Zeichen zu kennen oder sich darum zu kümmern. Weshalb sollten sie nicht abändern, was sie als willkürliche Ausdrücke für Klangwerte ansahen, weshalb sie nicht auf die einfachste und zum Schreiben bequemste Form reduzieren? Das taten sie denn auch. Und so sind wir aller Wahrscheidlichkeit nach den alten Egyptern direkt für wenigstens einen Teil unseres Alphabets verpflichtet, so weit es sich auch von den Hieroglyphen der Pharaonen entfernt haben mag. Doch das beiseite. Für unsere gegenwärtigen Zwecke brauchen wir nicht weiter als zum alten Griechenland zurückzugehen. Die vier

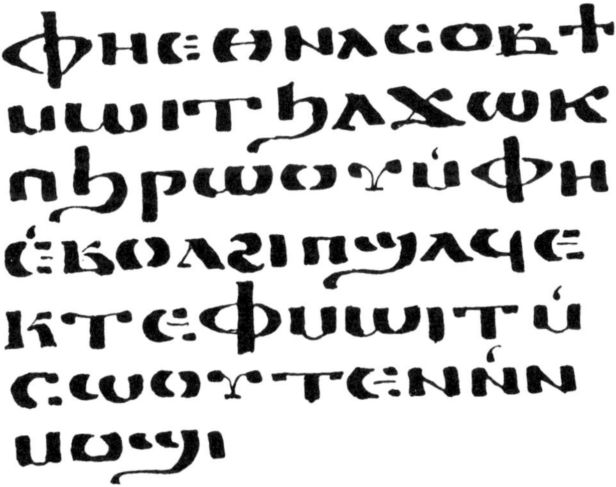

3. Koptische Handschrift. 12. Jahrhundert.

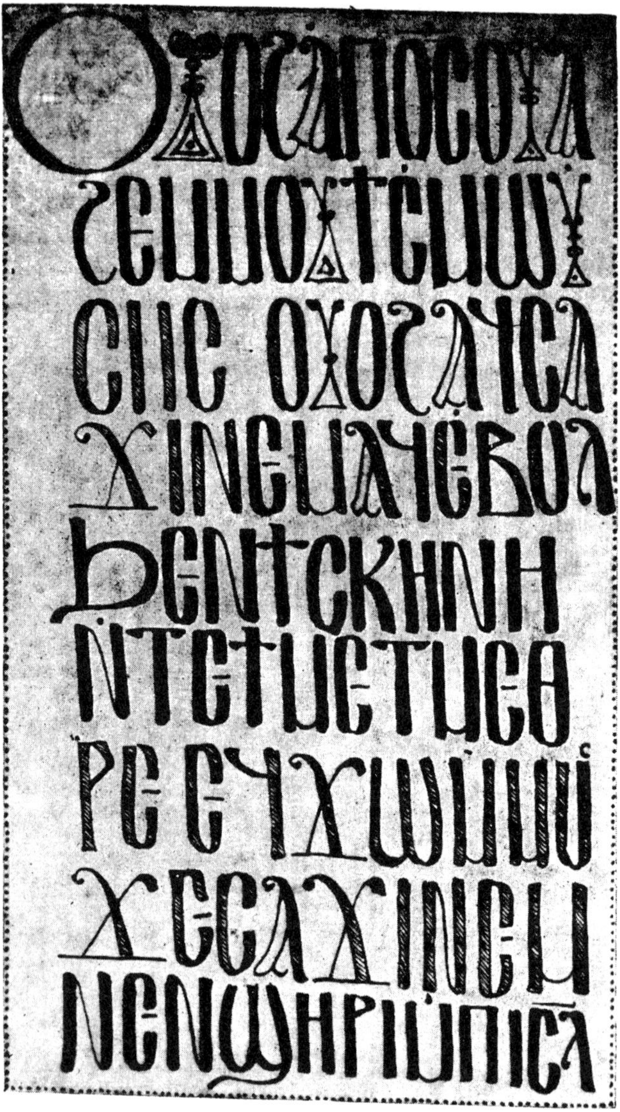

4. Koptische Handschrift. 14. Jahrhundert.

Phönizischen Buchstaben, welche dem griechischen Alphabet zuerst einverleibt wurden, waren *Z*, *Θ* (th), *Φ* (ph), *X* (ch), und schließlich wurden auch die Buchstaben *H* (ee), *Ω* (oo), *Ψ* (ps), *Ξ* (ks) hinzugefügt.

Die Römer ließen alle zusammengesetzten Konsonanten fallen und wendeten anfangs die beiden Konsonanten an, welche dem Klange der griechischen Doppelbuchstaben am nächsten kamen, z. B. *PH* für *Φ*. Aber sie gingen auch dazu über, einzelne Buchstaben für Laute zu ersinnen, welche bis dahin durch zwei ausgedrückt worden waren; F z. B. für P H und Q für C V.

Ein griechisches Alphabet vom Jahre 394 v. Chr. ist wiedergegeben in Abbildung 40 und eine Version des 16. Jahrhunderts in 41. Die von den Schreibern des 9. Jahrhunderts angewendete kursivere Form zeigen die Buchstaben (Abb. 1) auf S. 3.

Interessant ist im Vergleich hierzu die koptische Schrift, (2, 3, 4), augenscheinlich nur eine Variante der griechischen. Als nämlich die Egypter sich zum Christentum bekehrten, nahmen sie das griechische Alphabet an, gleich wie die Türken das arabische mit dem Koran; und als im 6. Jahrhundert der neue Glaube sich in Alexandria fest eingenistet, da verdrängte die koptische Schrift die alt-egyptische. So kommt es, daß das koptische Alphabet griechisch ist, mit Ausnahme von sieben besonderen Zeichen aus dem alten demotischen zum Ausdruck egyptischer Laute, wofür die Griechen entsprechende nicht besaßen.

Der koptischen Schrift verwandt ist die moesische des 4. Jahrhunderts (5), welche die breitgeschnittene Feder, mit der sie geschrieben wurde, deutlich erkennen läßt.

Das frühe römische oder lateinische Alphabet unterschied sich sehr wenig von dem griechischen. Die letzten Neulinge darin waren G H K Q X Y Z.

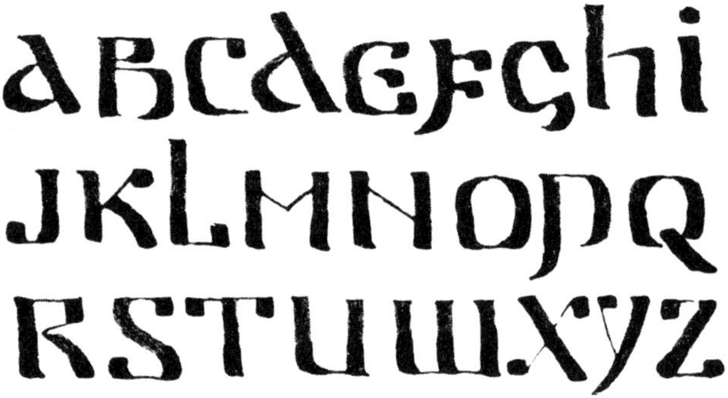

5. Moesische Handschrift. 4. Jahrhundert.

Bei der Anpassung an das Lateinische wird das griechische *gamma* oder G zu C. G ist in der Tat dem harten C beinahe gleichwertig. Dem nicht zu feinen Ohr sind die beiden Klänge ähnlich genug, um einer für den andern zu gelten, so wie weiches C für S dienen mag. Sobald G neben C, als besonderer Buchstabe, entstand, da wurde C seinerseits für K angewendet, obwohl K nicht ganz außer Gebrauch kam.

Das griechische H (heta) galt für EE; aber am Beginn eines Wortes diente es als Hauchlaut. Die Römer wandten es nur als Hauchlaut an, also wie wir heute auch.

Der Buchstabe J existierte weder im griechischen noch im alten römischen Alphabet. Er ist gleichwertig mit II. Stellt man zwei I übereinander, so erhält man ein langes $\overset{\mathrm{I}}{\mathrm{I}}$. Schließlich bekam die Initiale einen Haken und wurde J. Gegen das 15. Jahrhundert wurde die Initiale I fast allgemein J geschrieben.

Das griechische *Y (üpsilon)* wird zum römischen V — daher bis auf die heutige Zeit die Verwirrung in den Buchstaben U und V, welche lange ohne Unterschied gebraucht wurden; sie galten für vertauschbar, einer oder der andere mochte angewandt werden, oder beide gleichzeitig, in demselben Wort, in gleicher Bedeutung. Erst im 10. Jahrhundert kam die Gewohnheit auf, V nur am Eingang eines Wortes zu setsen und sonst U.

Ω (omega) galt für OO; die Minuskelform ω zeigt seine Abstammung. Am Ende wurde es angewandt für UU oder W. In einigen griechischen Dialekten scheint es für OU zu stehen. Ganz sicher wurde im 9. Jahrhundert (siehe S. 3) ω genau wie W *geschrieben*.

Das Alphabet, wie wir es kennen, verdankt auch Skandinavien etwas. Die Runen, wie die

6. Römische Handschrift. 4. Jahrhundert.

Schrift der skandinavischen und anderer nordeuropäischer Priesterschaft hieß, stammen aus sagenhafter Zeit. Sie waren Odins eigene Erfindung, heißt es. Dann muß Odin sie aber, nach dem in ihnen liegenden Beweis zu urteilen, von einer älteren griechischen oder römischen Quelle hergeleitet haben. Wir wissen jedenfalls, daß sie zur Zeit der ersten Begegnung zwischen Skandinaviern und Römern in Gebrauch waren. Die christliche Kirche verbot ihre Anwendung und mit dem Triumph des Christentums kamen sie außer Gebrauch. Aber sie lebten lang genug, um die angel-sächsische Schrift einigermaßen zu beeinflussen.[1])

7. Handschrift. 7. Jahrhundert.

8. Römische Unzialen. 8. Jahrhundert.

Es wird nun gut sein, die entscheidenderen Schritte in der Entwicklung des Alphabets zu bezeichnen. Unsere Typen haben, wie jeder weiß, zwei Formen — eine größere und eine kleinere — Versalien und Minuskeln, wie der Drucker sagt. Unserer Schreibschrift entspricht die Kursive.

Die Minuskel ist nichts anderes als die gedruckte Form der Schreibschrift, nur daß die Buchstaben ganz getrennt sind, nicht verbunden, wie es beim

9. Römische „Rustica.“ 5. Jahrhundekt.

fertigen Schreiber sein soll, und daß sie durchaus nicht den Anspruch auf Schönheit macht.

Die ältere Form, sowohl des griechischen wie des römischen Buchstabens, war die Versalie, geradlinig, mit verhältnismäßig wenig Kurven, bequem in Stein zu hauen oder in Metall zu graben. Dies ist, in der Tat, die *monumentale* Form, angepaßt dem, mehr noch inspiriert vom Meißel oder

10. Römische Handschrift. Versalien.
6. Jahrhundert.

Stichel. Man braucht nur einen Blick darauf zu werfen (40, 42, 43), um zu sehen, wie sehr sie für ihren Zweck geeignet ist; da kann kein Zweifel sein, es ist Einschnitt des Meißels.

Die Verfertiger von Handschriften nahmen für die Buchschrift eine andere Form an oder vielmehr sie machten die steifen Versalien passender zur schnellen Ausführung mit der Feder; so entwickelte sich eine rundere Buchstabenform, welche unter dem Namen *Unziale* bekannt ist.[2])

Man sieht (8), wie die Unzial-Form die Mitte hält zwischen der Monumental-Schrift und der flüchtigen Hand eines schnell Schreibenden. Es ist, wenn nicht die Zwischenstufe, ein Kompromis zwischen beiden; gleichviel, was wir wissen sollen, ist: daß die Kalligraphie diese Richtung nahm, welche manche spätere, von der originalen strenglinigen sehr verschiedenene, Buchstabenform erklärlich macht. Die

11. Handschriftliche Versalien. 6. Jahrhundert.

Verwandtschaft zwischen diesen Unzial-Buchstaben und dem kursiven Griechisch (1) ist augenscheinlich.

Der Unzial-Buchstabe berührt den modernen Drucker wenig; aber es ist die Buchstabenform, von welcher der Künstler, der seiner eigenen Hände Werk dem der Druckerpresse vorzieht, vielleicht am meisten lernen kann.

Eine steifere Form der Versalien, von den Römern in Handschriften des 5. und der beiden folgenden Jahrhunderte angewendet, ist unter der Bezeichnung „Rustica“ bekannt; nicht daß etwa Bäuerisches nach unserm Wortsinne an ihnen gewesen wäre, sondern das lateinische Wort wurde in dem Sinne von frei und leicht *(„sans gêne“)* gebraucht. Der Charakter der Schrift ist nicht so förmlich wie man meinte, daß er sich für die Stadt schicke. Es ist eine Art Vetter vom Lande; der römische Versal-Buchstabe — sozusagen — im losen Rock

12. BYZANTINISCHE VERSALIEN. 7. JAHRHUNDERT.

und weichen Hut. Charakteristische Merkmale (9) sind die dünnen vertikalen und die breiten Querstriche. Diese Querstriche haben die Form einer an den Enden spitz zulaufenden Zacke, und ähnliche Zacken heben das Ende der dünnen Striche hervor. Das alles ist selbstverständlich Erzeugnis der Feder. Aber, wie gesagt, die gebräuchliche Form beim Schreiben war in dieser Zeit die Unziale.

Selbst wenn die römischen Bücherschreiber, wie sie es zuweilen taten, die geradlinigen Versalien anwendeten, hielten sie sich nicht (11) an die streng einfache Gestalt, welche den Steinmetzen natürlich zukam. Die ungleichmäßige Stärke der Linien, die Verdickung der Striche an den Enden und die gespornten, gabelförmigen Formen, alles zeugt von der Feder; nicht der Stahlfeder natürlich, noch auch schon des geschmeidigeren Federkiels, sondern der Rohrfeder — die plumper als der Kiel, aber biegsam genug und dem Spritzen nicht ausgesetzt war; außerdem verführte sie den Schreiber nicht zu ungebührlich dünnen Aufstrichen.

13. Inschrift in Stein. A. D. 1085.

Versalien, griechische wie römische, zeigen, kurz gesprochen, die zuerst angenommenen Formen, das Erzeugnis des Gravierenden, des Bildhauers. Unzialen waren das Werk des Schreibenden, sie wurden allmählich runder und flüssiger. Die kleinere Minuskel entwickelte sich aus der Kurrentschrift des Kaufmanns, im Gegensatze zu der Schrift des Gelehrten; die alten Römer kannten sie nicht und sie ward überhaupt erst gegen das 8. Jahrhundert angewendet. Der größte Teil der sogenannten Kursiv-Schrift geht den Kalligraphen kaum an; sie könnte ebensogut diskursiv (unstät) genannt werden, so geeignet ist sie, auszuarten, in welchem Falle sie weniger von dem Fortschritt der Schrift, als von der Willkür und Nachlässigkeit des Schreibenden zeugt.

Anders lag der Fall bei den verschiedenen förmlichen Gestaltungen der Schrift, welche die Schreiber päpstlicher Bullen und königlicher Urkunden übten. Diese „Diplom"-Schriften (weil Diplome in ihnen abgefaßt wurden) und die sogenannten Kanzlei-Schriften sind höchst sorgfältig ausgeführt und in einer gewissen Art ornamental, aber unserer Schrift so unähnlich wie, vom praktischen Standpunkte aus, unleserlich. Demungeachtet bieten sie viel Anregung. Ein Beispiel englischer Kanzleischrift gibt das Alphabet 115.

Der Verfall des römischen Reiches brachte natürlich auch die Entartung der römischen Schrift, der Kapital- und Unzial-Schrift; und eben in dem Grade, wie Rom aufhörte, der eine Mittelpunkt der Welt zu sein und andere Nationen zu Bedeutung gelangten, begann deren Schrift Zeichen von Nationaleigenheit zu zeigen. Für den Verlust von Verfeinerung gewinnen wir so Abwechslung des Charakters. Am Anfang des 8. Jahrhunderts hatten sich deutliche nationale Schriftstile ausgebildet.

Diese Stile so scharf zu klassifizieren, wie es die Gelehrten tun, hieße den armen Lernenden durch ihre Fülle mehr verwirren. Die bedeutenden europäischen Völkerstämme waren die Lateiner, Franken,

14. Fränkisch-gallische Handschriften. Überschriften. 7. Jahrhundert.

Teutonen und Angel-Sachsen, die Westgoten. So haben wir entsprechend den lombardischen, fränkischen, teutonischen und angelsächsischen und westgotischen Schrifttypus, welche schließlich alle in dem sogenannten gotischen aufgehen; doch finden wir darin noch Spuren von Stammeseigenheit, der deutschen, englischen, französischen, italienischen, spanischen, je nachdem.

Zunächst von der lombardischen Art, welche in Italien vom 8. bis zum 11. Jahrhundert vorherrschte. Sie ist nicht, wie der Name glauben machen kann, eine Erfindung der Lombarden; die waren noch langbärtige Eroberer und erfanden nichts. Die Schriftart war nicht einmal auf Nord-Italien beschränkt; sie kam nur gerade hier zuerst auf und so ward alle spätrömische Schrift (nach dem Kaiserreich) lombardisch genannt.

Wie schon auseinandergesetzt, war die Unzial-Schrift ein Mittelglied zwischen den geradlinigen

Versalien und den runderen Federformen. Das Lombardische zeigt eine weitere Übergangsstufe. Der Mann der Feder hatte sich noch nicht ganz zwischen geraden und gebogenen Linien entschieden; er schwankte zwischen dem eckigen M und N und den gerundeten Formen (19, 20, 54). Schließlich entschied er sich für die ausgebauchten Formen, welche wie wir in ihrer späteren Gestaltung als lombardische Versalien (59) bezeichnen.

Es gibt eine gebrochene Art der lombardischen Minuskel — „*Lombard brisée*" nennen sie die Franzosen — die, obwohl nicht eigentlich schön, doch als Vorläuferin der gotischen Minuskel interessant ist.

Die heutige römische Minuskel erhielten wir mehr oder weniger direkt von Karl dem Großen. Er glaubte — vielleicht sagte es ihm auch sein Freund, der Papst — z. Z. da er auf den Thron kam (800), die Schrift in einem Grade entartet, welcher eines mächtigen Herrschers unwürdig wäre. So befahl er ihre Umgestaltung. Er ging so weit, Bischöfe und andere hervorragende Personen, welche nicht ordentlich schreiben konnten, zu zwingen, ausgebildete Schreiber in Dienst zu nehmen. Auf diese Weise belebte er die kleine römische Schrift wieder, welche schließlich in der Drucktype zur überwiegenden Geltung kam.

Den Schreibern Karls und einiger Zeit nach ihm gelang es nicht, sonderlich befriedigende Versalien zu gestalten. Sie vermischten noch Buchstaben

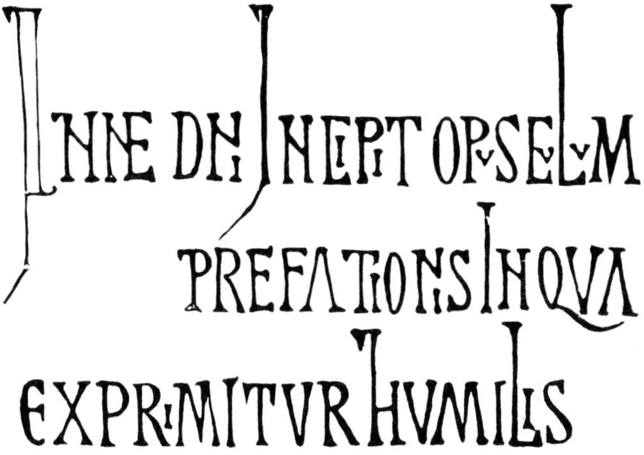

15. Westgotische Handschriften. 10. Jahrhundert.

von gleichmäßiger Stärke mit anderen, bei welchen dicke und dünne Striche oder solche von abnehmender Stärke in höchst unlogischer und ungeschickter Weise (50) angewendet waren — das Zeichen einer Übergangsperiode natürlich. Doch sie brachten es zu einer annehmbaren und sehr charakteristischen Minuskel-Schrift. Ein hervorstechender Zug war die Verlängerung der an sich längeren Striche des

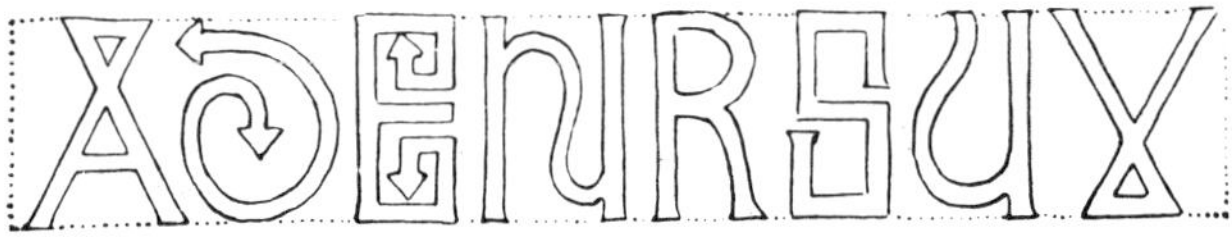

16. Sächsische Miniaturmalerei. 9. Jahrhundert.

l p g q f d — Schwänze, sozusagen, kamen in Mode, von einer Länge, die das Vier- bis Fünffache des Buchstabenkörpers ausmachten. Der Buchstabe s erhielt auch die lange Form ſ. Andererseits reicht der Buchstabe t nicht weit über die Linie, manchmal überhaupt nicht.

Diese Verlängerung von Auf- und Abstrichen ist charakteristisch für die fränkische und westgotische

17. Angelsächsisch.

Schrift überhaupt. Sie kommt selbst bei Versalien vor, wie in den Kopflinien der Handschrift des 10. Jahrhunderts auf Seite 19. Hier erheben sich I, H und L hoch über ihre Genossen, während andererseits das V-gestaltete U in dem Wort OPVSCVLVM zu mehr als bescheidenen Proportionen verkleinert ist.

Eine Spur maurischer Einflüsse auf die westgotische Schrift scheint sich in den Freiheiten zu

18. ANGELSÄCHSISCHE HANDSCHRIFT. 9. JAHRHUNDERT.

zeigen, die man sich in der Gestaltung der Buchstaben nimmt; die Mauren hatten damals Spanien überflutet.

Die angelsächsischen Versalien haben etwas sehr Launenhaftes an sich; einmal sind sie mechanisch steif, dann wieder überströmend ausgelassen (16, 17, 48, 49). Die angelsächsische Schrift war beeinflußt durch Reste eines abgestorbenen, vielleicht in früherer Zeit von den Galliern überkommenen Alphabets, welches — nach innerlichen Beweisen zu urteilen — dem griechischen etwas

19. FLORENTINISCH, EINGESCHNITTEN UND EINGELEGT. 12. JAHRHUNDERT.

ähnlich gewesen sein muß. Die Minuskel (18) zeigt eine merkwürdige Ausbiegung in dem langen Strich von b und l.

Während des 13. Jahrhunderts war der gotische Stil entstanden. Im Laufe der nächsten hundert oder mehr Jahre war er voll ausgebildet. Am Ausgang des 15. Jahrhunderts blühte er noch — im buchstäblichen Sinne — und im 16. waren die Buchstaben

20. Italienische Handschrift.
Beginn des 13. Jahrhunderts.

zuweilen fast alle verschnörkelt: es gehört ein Kenner dazu, sie zu lesen.

Die gotischen Veränderungen an der römischen Kapital-Form sind charakteristisch: die dicken Striche sind nicht gleichmäßig stark, sondern an den beiden Enden verbreitert oder gegen die Mitte schmäler; die gebogenen Striche schwellen nicht so allmählich an wie früher, sie bauchen sich mehr oder weniger plötzlich aus; die Abstriche von mehreren Buchstaben weichen unbotmäßig von der Linie ab, und die Endungen sind oft belaubt oder anders ornamentiert (39, 40—42). Besonders charakteristisch für das Gotische des 13. und 14. Jahrhunderts sind

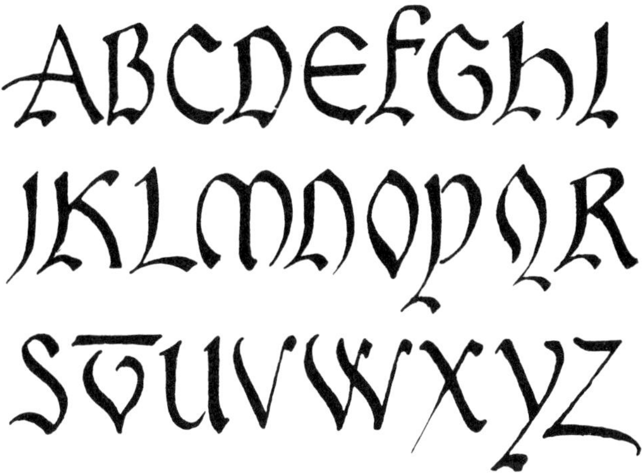

21. Lombardische Handschriften, um 1250.
In freier Wiedergabe.

auch die geschlossenen Buchstaben, wovon Beispiele in 61, 62, 63, 64 u. s. w. zu finden sind.

Die sogenannten lombardischen Versalien wurden nicht nur als Initialen sondern für Inschriften durchweg benutzt. Überhaupt waren Inschriften in Minuskeln nicht vor dem 15. Jahrhundert allgemein. In vielen Fällen wurden diese lombardischen Versalien nicht mit der Feder, sondern dem Pinsel gefertigt, wodurch ihr Charakter zum Teil bedingt wird. Die Pinselstriche waren dicker als Federstriche.

Die gotischen Eigentümlichkeiten gewannen nur schrittweise Boden und individuelle Schreiber hielten zähe an den alten Formen fest. Das umstehende Alphabet (22) z. B., aus dem 15. Jahrhundert, zeugt nur schwach für die Periode, in welche es dem Datum nach gehört.

22. Versalien. 15. Jahrhundert.

Die gotischen Buchstaben eignen sich zu größerer Abwechslung in der Zeichnung als die römischen, während sie in sich nicht so vollkommen sind. Vielen macht sie gerade dieser Grund interessanter: Vollkommenheit ist drückend. Jedenfalls sind die gotischen Formen oft sehr schön. Der römische Buchstabe ist klassisch und daher feststehend — oder, sollen wir lieber sagen — er ist feststehend und daher klassisch?

Die gleichmäßige Breite der vertikalen Striche verleiht der gotischen Minuskel (23, 24, 25) die charakterische größere Schwere gegenüber der römischen.

Die Deutschen bezeichneten die gotische Schrift als ihre eigene und hielten an ihrem Gebrauch fest, lange nachdem sie die übrige Welt, in Verfolg des im 16. Jahrhundert herrschenden Klassizismus, hatte fallen lassen.

23. Deutsche gotische Minuskel.

Die mittelalterliche deutsche Form der gotischen Buchstaben war strenger als in andern Ländern; die französische war phantasiereicher, die italienische verfeinerter, vollkommener, aber vielleicht nie so gotisch.

Das alte Gotische wies, wie wir sehen werden, sehr verschiedene Spielarten auf. Die rundere

24. Deutsche gotische Minuskel.

Form (23) ist freier, leichter zu schreiben, flüssiger. Der regelmäßigere, geradlinigere Buchstabe (24, 25) war einige Zeit ziemlich aus der Mode; aber er wurde neu belebt durch die Drucker, welche in ihm den am leichtesten nachzuahmenden erkannten.

Die Type, welche wir heutzutage anwenden, hat sich auf mehr oder weniger zufälligem Wege gebildet. Anfangs war sie eine Nachahmung der handschriftlichen Form. Das war unvermeidlich. Möglicherweise waren die Drucker darauf bedacht, ihre gedruckten Bücher für Handschriften unterzuschieben. Aber wenn wir auch eine solche Absicht ihrerseits nicht annehmen, so mußte doch ihr

25. Gotische Minuskel.

Text dem geschriebenen Blatte sich anschließen, sonst würde niemand imstande gewesen sein, ihn zu lesen. Und da z. Z. der Einführung des Druckes zwei Schriftarten in Gebrauch waren, so entstanden natürlicherweise zwei Arten von Drucktypen, die gotische und römische. Doch im Druck, wie in der Handschrift, gewann die römische Art die Oberhand, wenn auch nicht auf einmal; es gab eine Übergangsperiode, in welcher mehrere sehr interessante und charakteristische Typen in Anwendung waren. Wir heute sind durch beständiges Kopieren und Wiederkopieren von Typen, in denen die Vorzüge wirklicher Lebenskraft und Frische erstorben sind, bei einer Type des 20. Jahrhunders angelangt — man sehe den Zeitungsdruck —, welche höchst ungünstig von den frühesten Druckwerken absticht. Ist auch die moderne Buchstabenform durch die Umstände gewissermaßen etwas Feststehendes geworden, wovon abzuweichen mißlich ist, so kann doch immerhin manches zur Besserung geschehen. Es ist nicht gerade nötig, auf mittelalterliche Schriftweise zurückzugreifen oder gar eine neue zu erfinden, wenn das überhaupt möglich wäre: jedenfalls bieten für jedes Bestreben auf diesem Gebiete die alten Systeme den besten Anhaltspunkt und bedeuten geradezu ein belebendes Element.

Die Type beruht, wie gesagt, auf Handschriften-Formen. Diese handschriftlichen Formen hatten sich mit Rücksicht auf Schreibleichtigkeit ausgebildet. Was für die Feder schwierig war, kam außer Gebrauch, und die Schrift wurde, wie der Schreiber sie machte. Doch die Rücksichten, welche den Schreiber leiteten, gehen den Drucker nicht ferner an. Es wäre wohl Zeit, daß er Inventur machte im Alphabet, es ansähe in bezug auf seine Vervollkommnung, da eine Form fast so leicht zu *drucken* ist wie die andere. Die Veränderungen unserer Drucktype während der letzten 300 Jahre, oder so ungefähr, haben stattgefunden nach der Richtung der Lesbarkeit, aber nicht der Schönheit und einige alte Buchstabenformen möchten wohl wert sein, jetzt — da wir sie nicht zu schreiben brauchen — wieder hergestellt zu werden. Jede nennenswerte

Abweichung von der angenommenen Buchstabenform ist eine Unbequemlichkeit; aber wir leben heute in einer Zeit, wo jeder mit der gedruckten Seite so vertraut ist, daß uns, wie voreingenommen wir auch gegen jede Änderung sein mögen, das Lesen einer verbesserten Type keine Schwierigkeiten machen wird. Eine Schrift ist nicht leserlicher, weil sie häßlich ist: Schönheit verträgt sich mit der ernsthaftesten Verwendung.

Die früheste Schrift wurde höchstwahrscheinlich mit einem Griffel geritzt in Dinge, die dem Schreiber gerade zur Hand kamen — Häute, Palmblätter, oder Baumrinde und besonders in Ton, ein Material, welches nur gebrannt zu werden brauchte, um dauerhafter zu werden als Stein.

Wenn der Schreibende beim Einritzen in festen Ton seinen Strich mit einem Eindruck beginnt und dann das Werkzeug herauszieht, so ist das Resultat ein keilförmiger Riß. Das scheint die Weise, wie die Keilschrift entstand; aber sie ist auf den frühen Babylonischen Backsteinen so genau umgrenzt, daß sie mit einem scharfen, stichelartigen Griffel erzeugt sein muß. Diese Keilschrift-Buchstaben wurden dann bekanntlich in Stein nachgeahmt, wieder eine sehr einfache Sache. Drei oder höchstens vier gerade Schläge ergeben den Schriftzug von Ninive, wie wir ihn aus den berühmten Flachreliefs kennen. Er stammte von der Tonform her, aber seine eigene Mutter war der Stein, aus dem er geschnitten wurde;

der Meißel war sein Vater. Sogar noch in Inschriften des 18. Jahrhunderts etwa verfällt der Steinmetz in mehr oder weniger keilförmige Inschriften (26); der Meißel verleitete ihn und er gab dem Zuge nach.

Von der Keilschrift zu einfachen griechischen (40) oder römischen (42) Versalien war nicht weit und die scharf geschnittenen Inschriften auf klassischen Monumenten sind noch typische Meißelarbeit. Sehr

26. Von Inschriften in Stein. Um 1700.

frühe griechische Inschriften sind jedoch in den Granit, oder was es immer sein mag, nicht viel mehr als geritzt; so die kleinen griechischen Buchstaben auf dem berühmten Rosetta-Stein.

Die mit einem Stylus auf Wachstafeln ausgeführte Schrift war natürlich plump. Das Erzeugnis der Feder war anfangs auch plumper als moderne Schrift — teilweise zweifellos infolge des Gebrauchs der Rohrfeder, dann infolge der Textur des Papyrus und endlich wegen der Konsistenz der Tinte. Die

Striche in der frühen egyptischen Schrift, sowie in den griechischen und lateinischen Handschriften, sind ziemlich dick, an den Ecken gerundet, nicht scharf gewendet.

Die Araber schrieben mit der Rohrfeder und führten sie mehr oder weniger horizontal, um die Tinte zu halten, indem sie Papier oder Papyrus in einem bequemen Winkel neigten; beim Arbeiten mit einer Rohrfeder gaben auch die Schreiber des Mittelalters dem römischen Buchstaben den gotischen Charakter. Erst als der Federkiel in Gebrauch kam, welcher die Tinte besser hält, entwickelten die Italiener ihre Minuskel mit den dicken und dünnen Strichen.

Oft genügt ein Blick, um sagen zu können, ob ein frühes egyptisches Manuskript mit der Feder oder dem Pinsel geschrieben ist. Die arabischen Männer der Feder, welche sehr stolz auf ihre Kunst waren, schrieben mit einem wundervoll elastischen Instrument und machten aus den Rohrfederformen etwas, was zuweilen an Pinselmalerei erinnert; aber die *neskhi*-Form ist so augenscheinlich für die Feder bestimmt wie der geradere *kufische* die monumentale. So finden wir auch bei den Chinesen und Japanern eine Form der Schrift, welche charakteristisches Erzeugnis des Pinsels, und eine andere fast rechtwinkelige für die monumentale Verwendung.

Sogar im Spätgotischen unterscheiden wir eine Minuskel der Feder (23) und eine monumentale

(24, 25), die zur scharfen und charakteristischen Wiedergabe mit dem Grabstichel auf Metallplatten geeignet ist. Merkwürdig, daß sich aus dieser strengen Form das üppige bandartige Alphabet (88) entwickelt haben soll. Aber wenn einmal der Graveur die breiten Striche seiner Buchstaben als Bänder oder Riemen zu betrachten begann, welche durch einen Zug des Stichels an den Enden sich umwenden ließen (80), so mußte ihm der Geschmack für die Überladung unvermeidlich zu etwas Derartigem führen. Der mit dem Pinsel Arbeitende war durch sein Werkzeug immer versucht, Verzierungen zu machen (32, 33), in die zu verfallen der Schnitzende weniger Anlaß hatte. Der geneigte oder *kursive* Buchstabe (27) ist in dieser Hinsicht das Produkt der Feder.

Wir finden also, daß das benutzte Werkzeug, Stylus, Rohrfeder, Pinsel oder was es sein mag, für den Charakter der alten Schrift nicht allein ausschlaggebend ist. Sobald der Schreibende vom bloßen Einritzen oder plumpen Einkerben nicht mehr befriedigt war und den Gebrauch des Meißels aufnahm, fühlte er die Notwenigkeit eines geraden Querschlages, um den Strich seines Buchstabens abzuschließen. War jener breit, so war kein Anlaß, den Schlag über die Breite des Striches selbst hinauszuführen. War er dünn, so war es leichter, der Gefahr, die Grenze zu überschreiten, zuvorzukommen und den Endschlag frei auszudehnen.[3])

Einen geringen aber immerhin bemerkbaren Unterschied im Charakter macht der Winkel aus, in welchem die Striche abgestumpft oder abgeschnitten werden.

Beim Arbeiten mit der Feder begegnet diese Schwierigkeit des Strichendes nur in sehr starken Buchstaben. Bei kleiner Schrift folgen die Striche der Feder natürlich. Sie beginnen eckig und

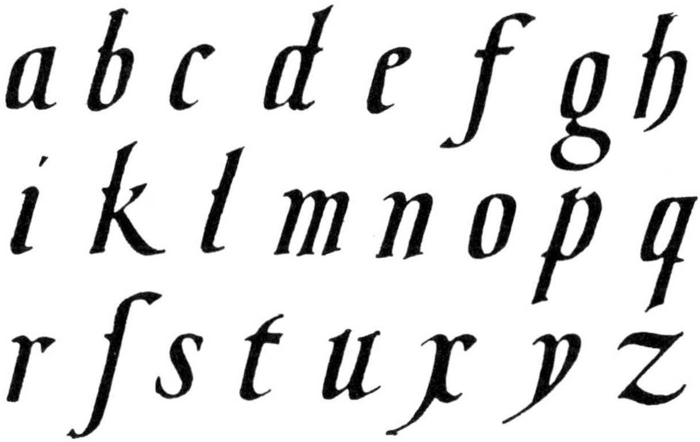

27. Römische Kursiv-Schrift.

verjüngen sich allmählich oder umgekehrt, oder sie werden in der Mitte breiter, gemäß dem Drucke der Feder, die vom Anfang bis zum Ende des Striches schwer ganz gleichmäßig zu halten ist.

Es wäre zu bemerken, daß der Druck von Natur nicht in der Mitte des Striches, sondern an einem Ende ist; der Schreibende erhält ungezwungen nicht das symmetrische römische O, sondern das gotische O (87). Das ist die federgeborene Gestalt. Das gleichmäßige O war — wenn nicht leichter — so doch ebenso leicht in Stein zu hauen; nichts hinderte die Symmetrie, welche demgemäß in der Skulptur die Regel war. Es hat keinen Sinn, dergleichen mit der Feder machen zu wollen; besser der Feder ihren Lauf zu lassen; und dieser geht eben anders (147, 163). Wir erreichen mit unsern Werkzeugen so viel mehr, wenn wir uns ihnen anpassen, daß es töricht ist, ihnen zu widerstreben.

Bei sehr starker Schrift, auch mit der Feder, ist es notwendig, die dicken Striche abzuschließen. Man kann nicht leicht mit einem Federstrich eine dicke Linie machen, welche gleichmäßig kantig beginnt und endet; es ist Nachhilfe nötig und das einfachste Mittel ist ein feiner Querstrich über seine Breite. Dieser Querstrich T hilft die Regelmäßigkeit der *Linie* des Buchstabens zu bewahren und zu betonen, wofür ein Schönschreiber, der des Namens wert ist, natürlich Sorge trägt. Da der breite Strich reichlich mit Tinte gefüllt ist, so zieht der feine Querstrich beim Kreuzen leicht ein wenig von der Tinte mit, wobei er eine Ecke rundet. Der einfachste Weg, das auszugleichen, ist das Ausrunden der entgegengesetzten Ecke — und so haben wir die vertraute Endung T, welche dem bereits erwähnten „Sporn" des Meißelnden (119) entspricht.

Der Winkel, in welchem die Querlinie den Strich trifft, kann gemildert werden, bis er verschwindet,

28. Römisches Mosaik. Paris, Louvre.

29. Gravierte Bronzetafeln. Neapler Museum.

30. Gravierte Bronzetafeln. Neapler Museum.

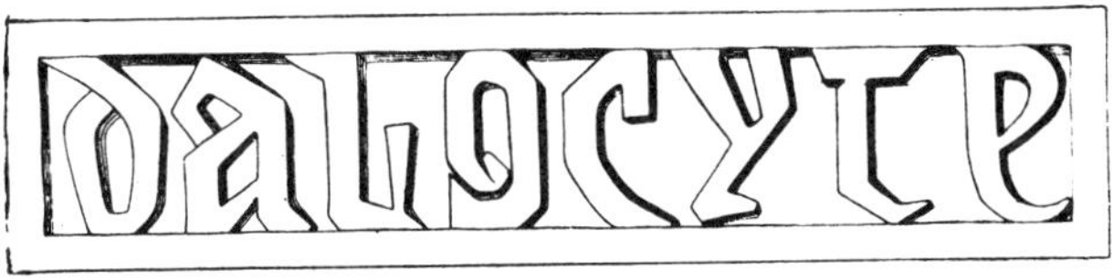

31. Stein. Cordova. 1409.

so daß der Strich an beiden Seiten gerundet erscheint: er ladet aus. Historisch kommen wir dahin in der lombardischen und anderer Schrift am Beginn des 8. Jahrhunderts (46).

Unter Vorwegnahme dieser Ausladung machte der Schreibende schließlich Striche, in welchen die elementare gerade Linie überhaupt verschwindet (71). Die weitere Entwicklung führte zu der unvermittelten Schwellung des runden Buchstaben-Rückens, welche im 13. Jahrhundert und später gewöhnlich ist (58, 70). Mit der Gabelung der Endungen und dem Brechen der Umrißlinie (20), gelangen wir zu einer phantastischen Gestaltung für die kein Ende abzusehen ist (34, 69, 71, 72, 92). Deshalb sind hier nur wenige Beispiele vollständiger Ornamentierung der Schrift abgebildet (91, 92, 113, 114), da ich besonders Alphabete berücksichtigt habe, bei welchen die ornamentale Zeichnung in der Konstruktion der Buchstaben selbst gegeben ist.

Mit dem Gebrauch von dicken und dünnen Strichen entsteht eine Schwierigkeit. Welcher soll dick sein und welcher dünn? Die Schreiber beschäftigten sich lange Zeit mit diesem Probleme und brachten manche sehr ungeschickte Kombinationen zustande (50). Die Lösung, zu der wir am Ende gekommen sind, ist wahrscheinlich die beste welche gefunden werden konnte. Wir brauchen uns kaum mit dem Versuche zu plagen, die moderne Praxis in dieser Hinsicht zu verbessern. Es steht damit wie in der Naturgeschichte mit dem Überleben der passendsten Gattung.

Aus dem Gebrauche von dicken und dünnen Strichen ergibt sich die Notwendigkeit der Abstufung, da die gebogene Linie anders die Mitte zwischen ihnen nicht halten kann. Sodann, wenn die dicken Striche einen Abschluß haben, scheinen die dünnen eine entsprechende Akzentuation an den Enden zu entbehren, und so läuft der Abschlußstrich durch das ganze Alphabet (101, 102 usw.).

Andere Einflüsse des Schreibwerkzeugs auf die Buchstabenform erhellen aus verschiedenen Alphabeten, und in der beschreibenden Liste der Abbildungen ist darauf besonders Bezug genommen. Eine Anzahl dieser Alphabete ist mit Rücksicht auf die Ausführung in einem speziellen Material besonders gezeichnet worden. (Vgl. a. 32—39).

Nun zu den Ziffern. Bis ins 15. Jahrhundert waren die Buchstaben M, D, C, L, X, V, und I zur Bezeichnung von Zahlen allgemein im Gebrauch.

Die sogenannten arabischen Ziffern fanden ihren Weg nach Europa im Laufe des 12. Jahrhunderts, aber sie kamen im allgemeinen Gebrauch erst im 15., nicht lange vor der Einführung des Druckes, welcher ihre Kenntnis verbreitete.[4]) Die Ziffern, wie wir sie kennen oder auch nur, wie sie im 15. Jahrhundert geschrieben wurden, haben keine ausgesprochene Ähnlichkeit mit den eigentlich arabischen; 1 und 9 sowie die allmächtige 0 sind die einzigen Zeichen, welche direkt orientalische Abstammung zu verraten scheinen.

Die Zeichen des 15. Jahrhunderts sind nicht immer auf den ersten Blick leicht lesbar; die 7 z. B. (190) zeigt nur eine allgemeine Ähnlichkeit, aber die Prüfung ergibt, daß das umgekehrte V eine gleichmäßig gegliederte 7 ist, welche (wie es beim Fallen geschehen würde) auf ihre beiden Enden gestellt ist: nicht das Zeichen, nur die Stellung ist anders. Viel rätselhafter erscheint die frühe Form der 4 (192, 193, 194), eine Schlinge mit gekreuzten Enden, auf denen sie steht. Die populäre Auslegung des Zeichens als „halber 8" ist keineswegs überzeugend, und es scheint kein Urbild aus dem Orient zu haben. Eine Version aus dem 17. Jahrhundert in der Franziskanerkirche zu Rothenburg (207) würde, wenn sie früher wäre, eine befriedigende Erklärung ergeben. Da hat die Schlinge ein gerade abgeschnittenes Ende und die Figur ruht nicht auf ihren beiden offenen Enden, sondern teilweise auf der Spitze. Denkt man sich die Figur aufrecht stehend, eine Spitze auf der linken Seite, so erscheint sie wie eine 4 von ganz gewöhnlicher Form. Es mag das nicht die Genesis der Form sein; in diesem Falle wäre sie von den Steinmetzen des 17. Jahrhunderts geistreich erdacht.

Schreibende haben immer von Abkürzungen Gebrauch gemacht, der Schnellschreiber, um Zeit und Mühe zu sparen, der Schönschreiber, Bildhauer

32. Aufgemalt auf spanisch-maurischen Tongefässen.
15. und 16. Jahrhundert.

und Künstler im allgemeinen, um das Aussehen des Werks ihrer Hände zu vervollkommnen, in vielen Fällen auch, um es dem Raume anzupassen, mit dem sie zu rechnen hatten. Das Ziel der Kunst wird nicht erreicht durch bloßes Zusammendrängen der Buchstaben oder dadurch, daß man ihnen eine Gestalt gibt, welche es dem Schreibenden ermöglicht, sie alle in eine gegebene Linie (119) zu bringen. Wir haben den Gebrauch der Abkürzung aufgegeben, außer bei Diphtongen und ausnahmsweise bei dem Worte „et" (und). Das Und-Zeichen (190, 191) findet sich noch in den Schrift-Garnituren des Druckers und wird fast noch mehr von dem einfachen Mann der Feder gewohnheitsmäßig angewandt.

Wozu führt nun all diese Erforschung des Alphabets? Es hat keinen Sinn, ganz neue Schriften aus uns heraus schaffen zu wollen: Niemand würde uns verstehen und wir wollen doch gelesen sein. Originalität erstreben wir alle; aber sie darf nicht mit Bewußtsein gesucht werden, am wenigsten in der Schrift; sie kommt von selbst, wenn sie überhaupt kommt. Wir sind originell oder sind es nicht.

So lange das Alphabet lebt, werden Änderungen vorkommen, aber es müssen unvermeidlich allmähliche sein; wir können zu neuen Formen nur kriechen. In der Praxis werden wir ein Alphabet nehmen und es gemäß unsern Bedürfnissen oder Neigungen verändern, ohne uns in der Regel viel um die Lesbarkeit zu kümmern. Mancher mag es

33. Aufgemalt auf Italienischer Majolika.
16. Jahrhundert.

wohl, wenn er weiß, was er will, lesbarer machen, es auch in anderen Richtungen bessern; aber um dies verständnisvoll zu tun, muß er etwas von der Abstammung der Schrift wissen, auf welcher er weiterbaut. Deshalb erschien mir der Gegenstand wert, ihn in solcher Ausführlichkeit hier zu behandeln.

Beim Zeichnen eines Alphabets — wenn Zeichnen kein zu anspruchsvolles Wort ist für einen Vorgang, welcher kaum viel mehr sein kann als eine Variation feststehender Formen — ist wohl zu berücksichtigen, daß die Buchstaben systematisch behandelt werden müssen. Sie erscheinen eher alle wie aus einer Familie, wenn wir sie von einer Quelle herleiten. Aber weshalb sollten wir nicht die Rassen kreuzen, wenn wir dabei den Stamm veredeln können? Doch ein Alphabet darf auch nicht zusammengesetzt aussehen. Der Künstler hat die Freiheit, zu tun, was er kann; aber die Probe auf den Erfolg ist, ob seine Schöpfung aussieht, als ob es so sein muß und nicht anders hätte sein können.

Warum aber, fragt man, sollte sich jemand mit dem Zeichnen von Schrift abmühen, da er doch die Type fertig zum Gebrauche hat, welche so viel treuer und vollkommener ist? Treuer, das mag wohl sein, im Sinne von größerer mathematischer Genauigkeit. Aber sie ist nicht notwendig so einheitlich in der Wirkung, denn die unnachgiebigen Buchstaben des Schriftgießers kommen zusammen,

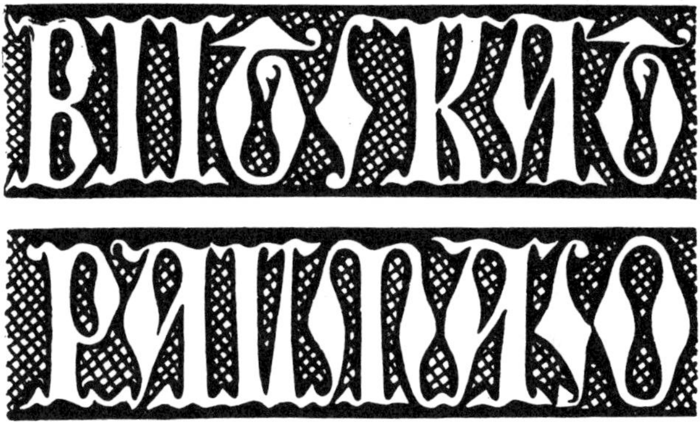

34. Metall-Gravierung. 1395.

35. Auf Holz gemalt. 1727.

36. Auf Majolika gemalt. 1518.

so gut sie mögen, und wenn ungeschickt, so kann er es nicht ändern. Der Schreibende aber kann es und sollte es auch.

Es ist nicht zu leugnen, daß mancher Künstler, welcher es unternimmt, Schrift in seine Zeichnung einzuführen, es schlecht, es so nachlässig macht oder von sehr gleichgültiger Schreiberei so zufrieden gestellt ist, daß von den zwei Übeln der harte und und unbewegliche Druck das geringere gewesen wäre. Doch ist es auch nicht weniger wahr, daß ein Künstler, welcher sich bemüht hat, schreiben zu lernen, wenn er strebt, das zu geben, was der Feder oder dem Pinsel gemäß ist, und darauf verzichtet, sich in unsinnige und unwirksame Rivalität mit der Buchdruckpresse einzulassen, erreichen kann, was sie nicht vermag, und Besseres.

Blickt man in ein früh gedrucktes Buch, so ist man jedesmal von neuem über die Schönheit einer Seite erstaunt. Aber wenden wir uns dann zu einem feinen Manuskript, so erkennen wir, daß der Druck, sogar solcher der großen Drucker, doch ein Notbehelf ist. Es ist ein Notbehelf, dessen wir uns bedienen müssen, so gut es geht. Wenn wir jedoch Gelegenheit dazu haben, so lasset uns das Echte nehmen und uns nicht von Lesern bestimmen, welche so auf den Druck versessen sind, daß sie allen Geschmack an schöner Schrift verloren haben. Nicht die gute Handschrift, sondern ihr verdorbener Gaumen ist ein Unrecht.

37. Goldene Schrift auf schwarzem Grunde. Spanisch.

38. Auf Holz gemalt. Italienisch. 15. Jahrh.

39. Aufgemalt auf glasiertem Tongeschirr.
Englisch. 18. Jahrh.

Nachdem wir die Maschine vervollkommnet haben, tun wir alles Mögliche, um uns selbst zu Maschinen zu machen. Bis das geschieht — was Gott verhüten möge — ist die Menschenhand noch immer das beste in der Kunst; und wäre sie es nicht, so würde sie doch den Reiz des Charakters haben, diese individuelle Beschaffenheit, für die ein Publikum, welches ausschließlich an die gedruckte Type gewöhnt ist, kein Verständnis hat. Der Druck mit seiner mechanischen Glätte und Genauigkeit hat die Verzerrung des modernen Schrift-Ideals verursacht, gleichwie die Photographie mit ihrer Buchstäblichkeit das Ideal der Kunst herabsetzt. Es gibt Leute, welche in der Schrift alles, was die Druckpresse nicht machen kann, als eine Art Impertinenz übel empfinden. Sie sind gerüstet, gegen alles was ungewöhnlich ist, sich zur Wehr zu setzen. In Wirklichkeit ist die Impertinenz auf seiten eines Aushilfsmittels wie der Type, welche jedwede Autorität auf einem Gebiete beansprucht, welches ganz außerhalb ihres Zweckes liegt.

Der große Unterschied zwischen alter Schrift und neuer ist der, daß der Schreiber in den Tagen vor dem Schriftguß die Freiheit hatte, Variationen der wohlbekannten Buchstabenform zu erfinden, während unser Druck monoton ist wie die Weise einer Drehorgel.

Pedanten sind nicht glücklich, bis alles festgelegt ist. Aber nichts ist feststehend, ehe es tot ist. Leben ist Bewegung. Die Philosophie hat das Suchen nach dem Perpetuum mobile lange aufgegeben, aber das Rätsel desselben ist das — Leben, und Beweis und Zeuge für das Leben ist die — Bewegung. Unsere heutigen Sprachen würden als tote zu betrachten sein, wenn die Möglichkeit aufhörte, in ihrer Schreibweise Änderungen anzubringen.

---

[1]) Seite 10, [2]) Seite 12, [3]) Seite 32: Der Verfasser gibt an diesen Stellen noch kurze Bemerkungen über zpezifisch englische Bezeichnungen, welche im Deutschen fortgelassen sind.

[4]) Seite 37. In England, bemerkt hier der Verfasser, seien die arabischen Ziffern erst zu Anfang des 17. Jahrhunderts allgemein in Gebrauch gekommen.

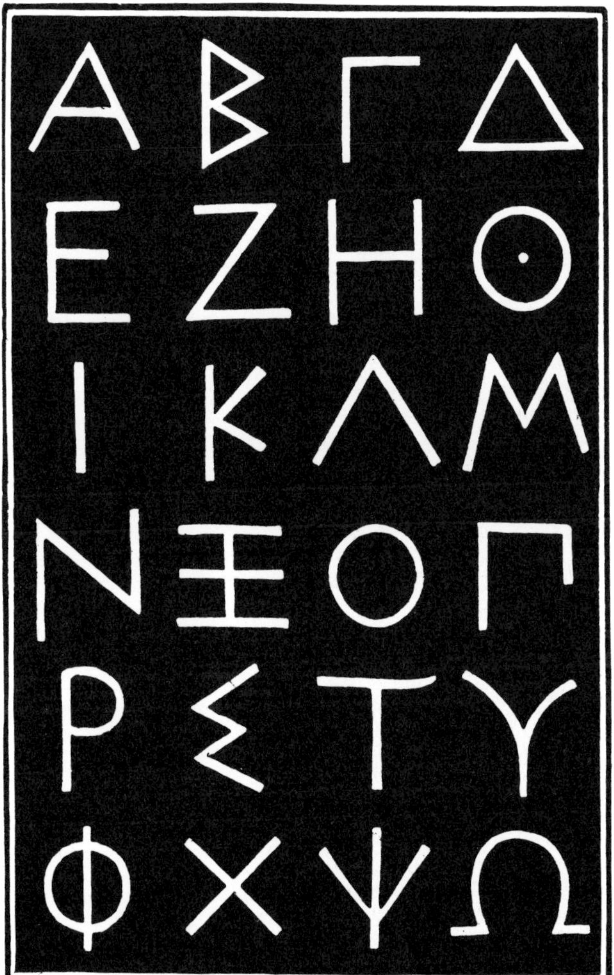

40. Griechisch. Von einer Stele in Athen. 394 v. Chr.

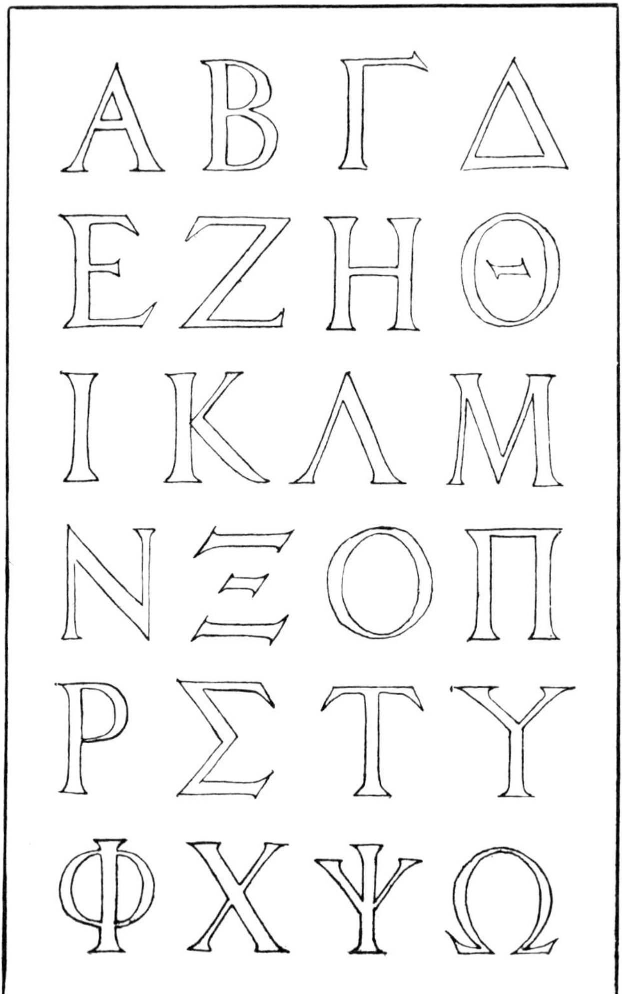

41. Griechische Initialen, aus einem Baseler Druck. 16. Jahrh.

42. Römisch. Vom Forum.

43. Römisch. Von Sculpturen im Brit. Mus. 150—300 v. Chr.

44. Angelsächsisch? 6. Jahrh.

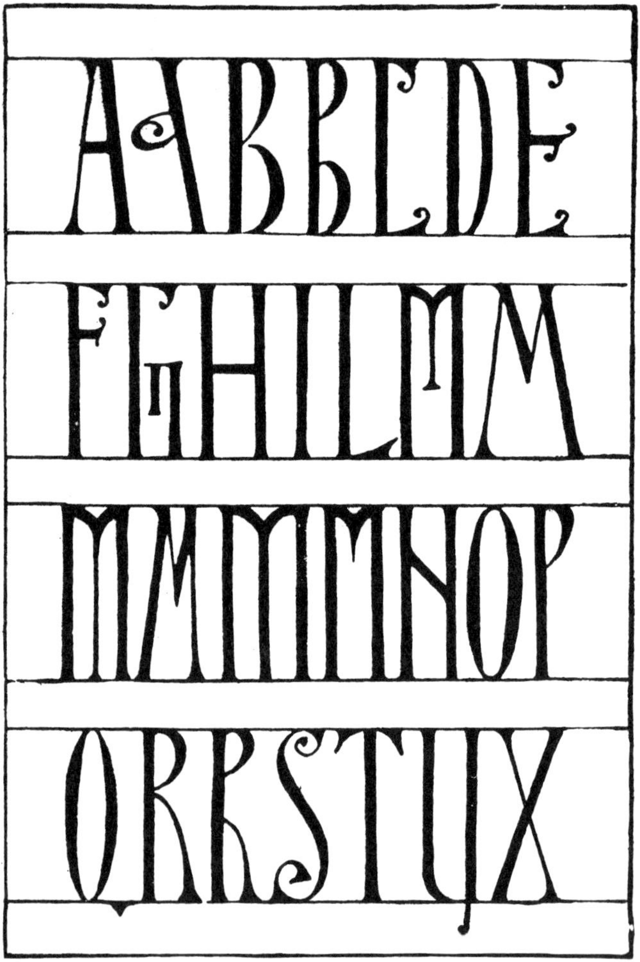

45. Aus einem Codex des 7. oder 8. Jahrh.

46. Gallikanische Schrift. 8. Jahrhundert.

47. Irische Handschrift A

em Buch von Kells. 8. Jahrh.

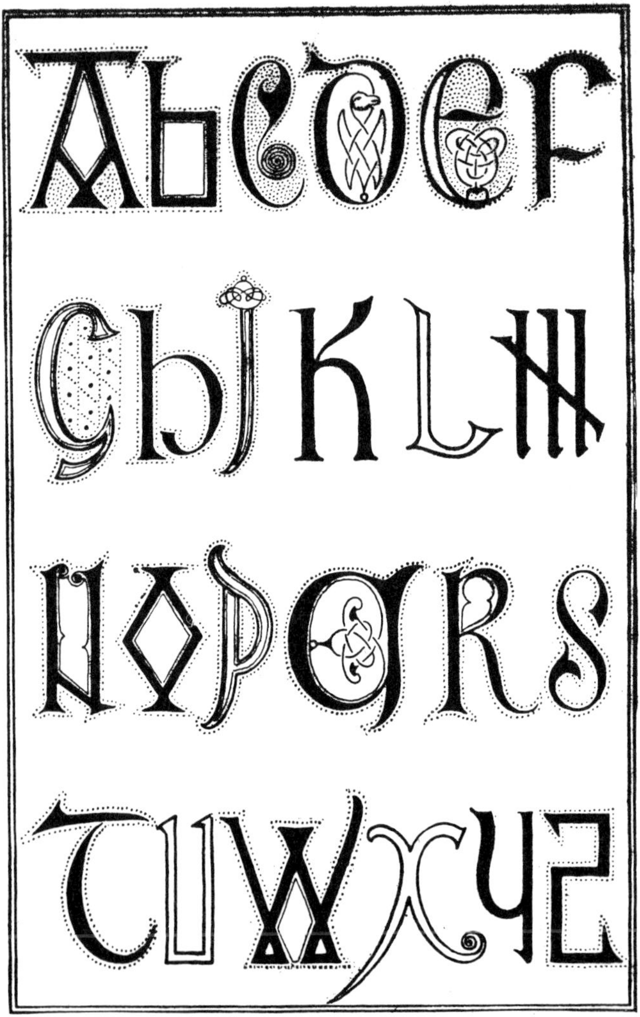

48. Angelsächsische Handschriften. 8. und 9. Jahrh.

49. Angelsächsische Handschriften. 8. und 9. Jahrh.

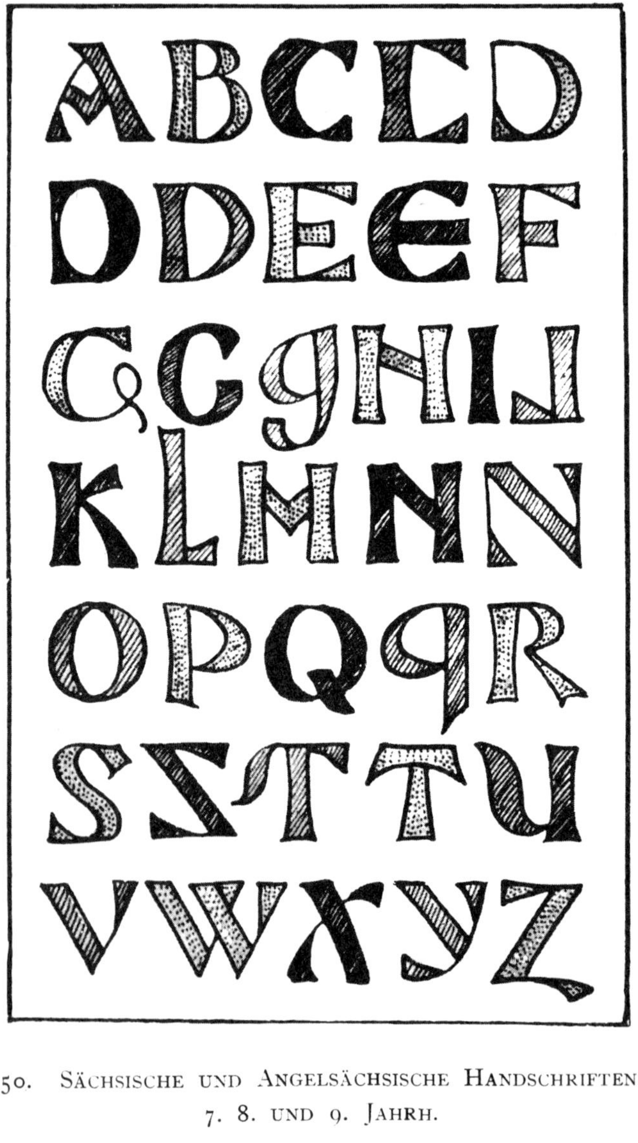

50. Sächsische und Angelsächsische Handschriften.
7. 8. und 9. Jahrh.

51. Handschrift des 10. Jahrhunderts.

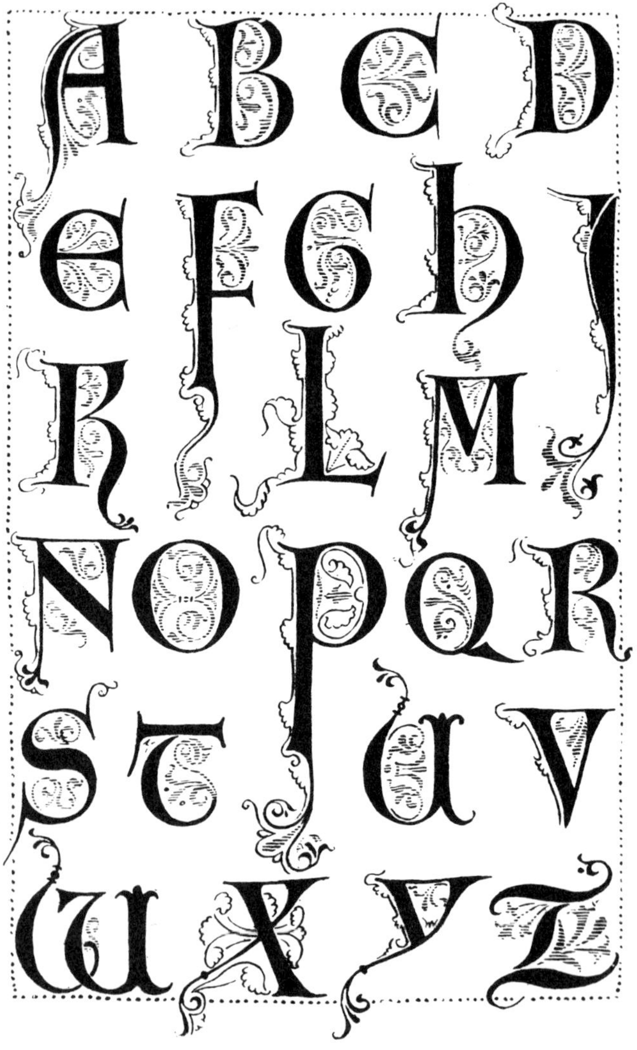

52. Französische Handschrift des 12. Jahrhunderts.

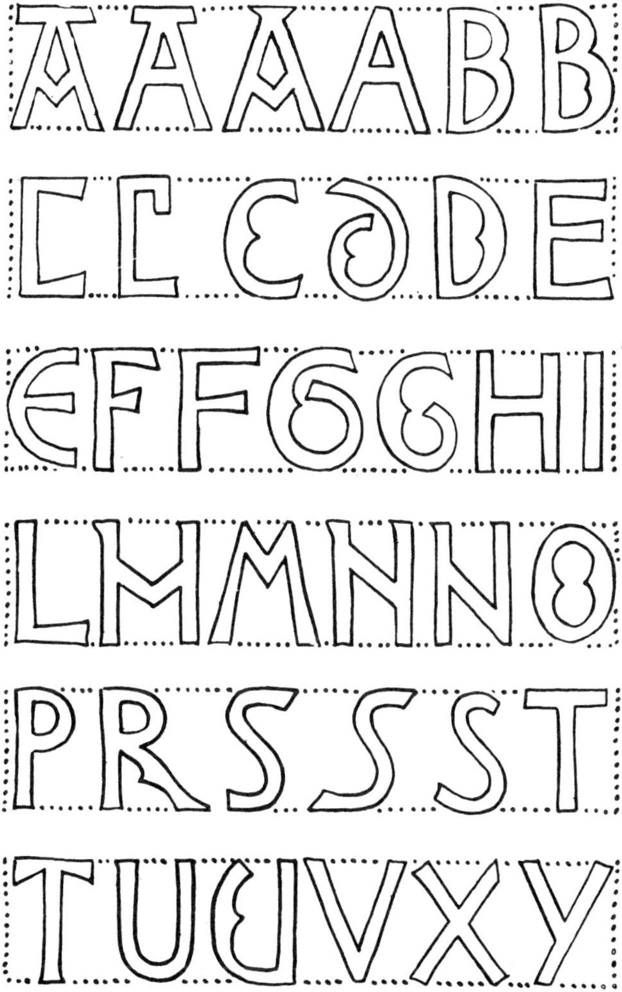

53. Aus Le Puy. Holz. Ungefähr 12. Jahrh.

54. Deutsche Schrift des 12. Jahrhunderts.

55. Englische Schrift vom Ende des 12. Jahrhunderts.

56. Schrift einer englischen Bibel. 13. Jahrh.

57. Von einer deutschen Glocke. 1270.

58. Von einem Psalter. 13. Jahrhundert.

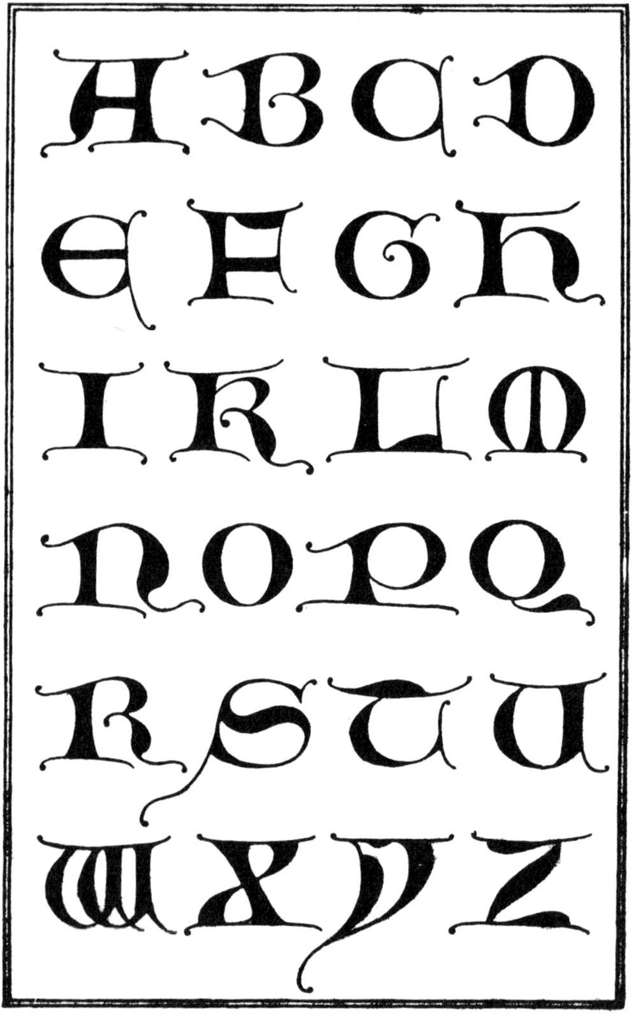

59. Handschrift des 14. Jahrhunderts.

60. ITALIENISCH. 14. JAHRHUNDERT.

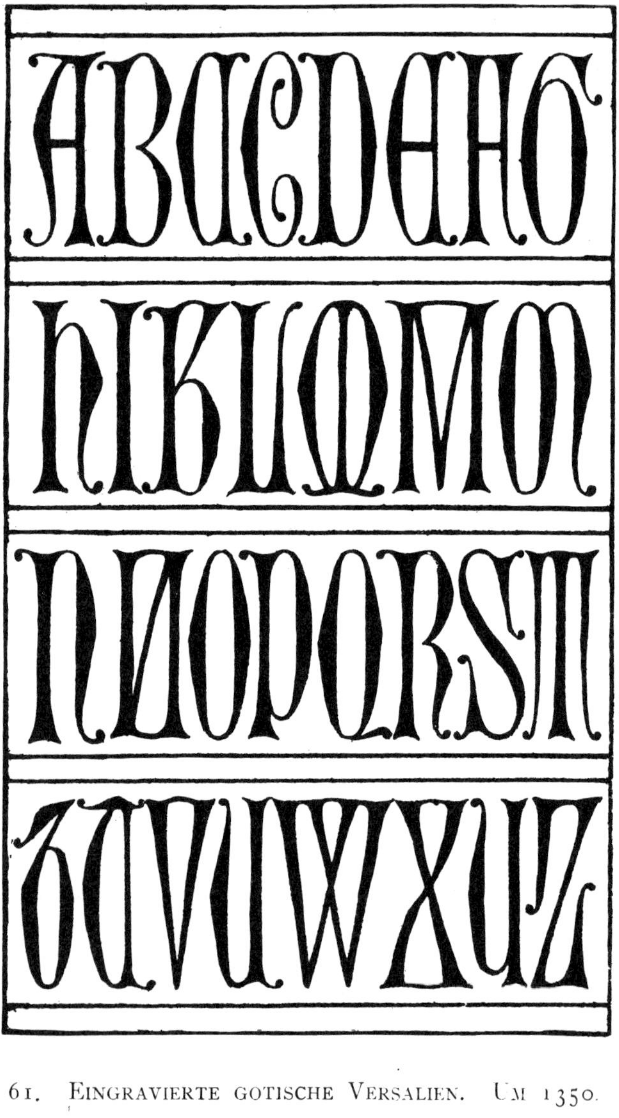

61. Eingravierte gotische Versalien. Um 1350.

62. Inschrift in Metall. Nordhausen. 1397.

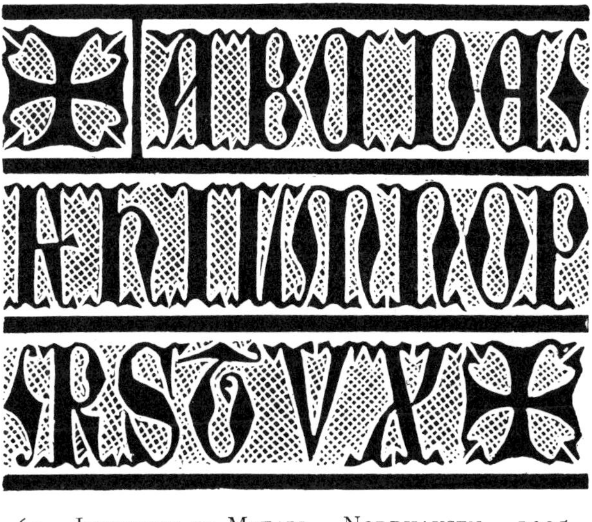

63. Inschrift in Metall. Nordhausen. 1395.

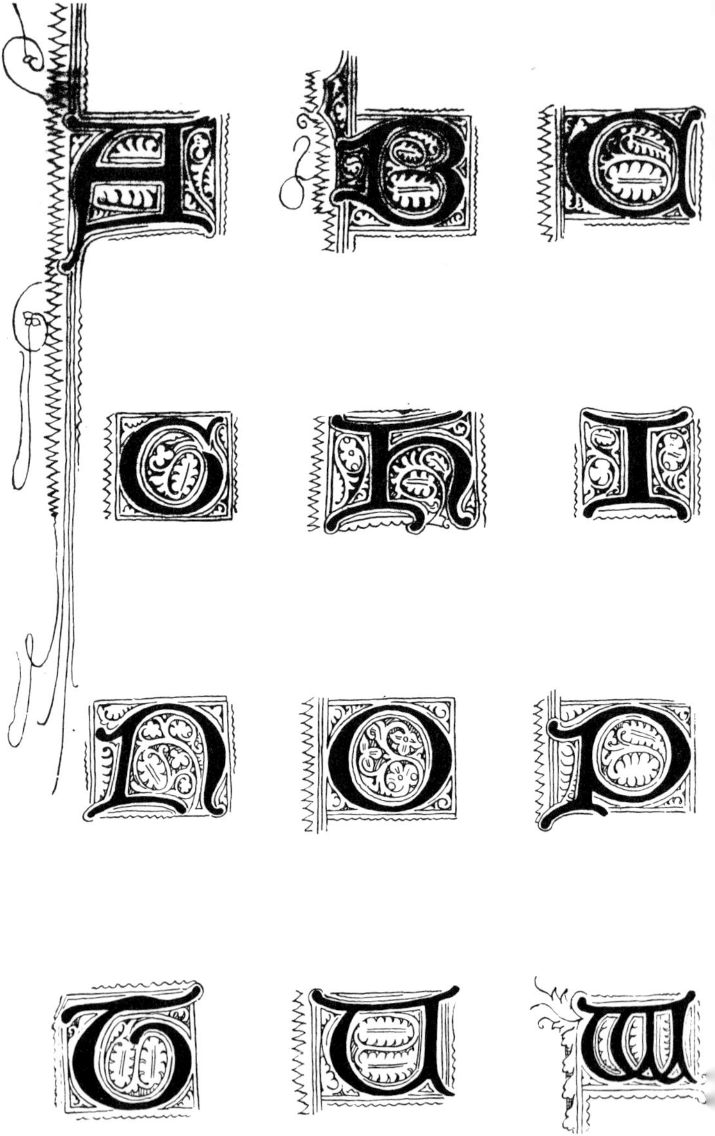

64. Englische

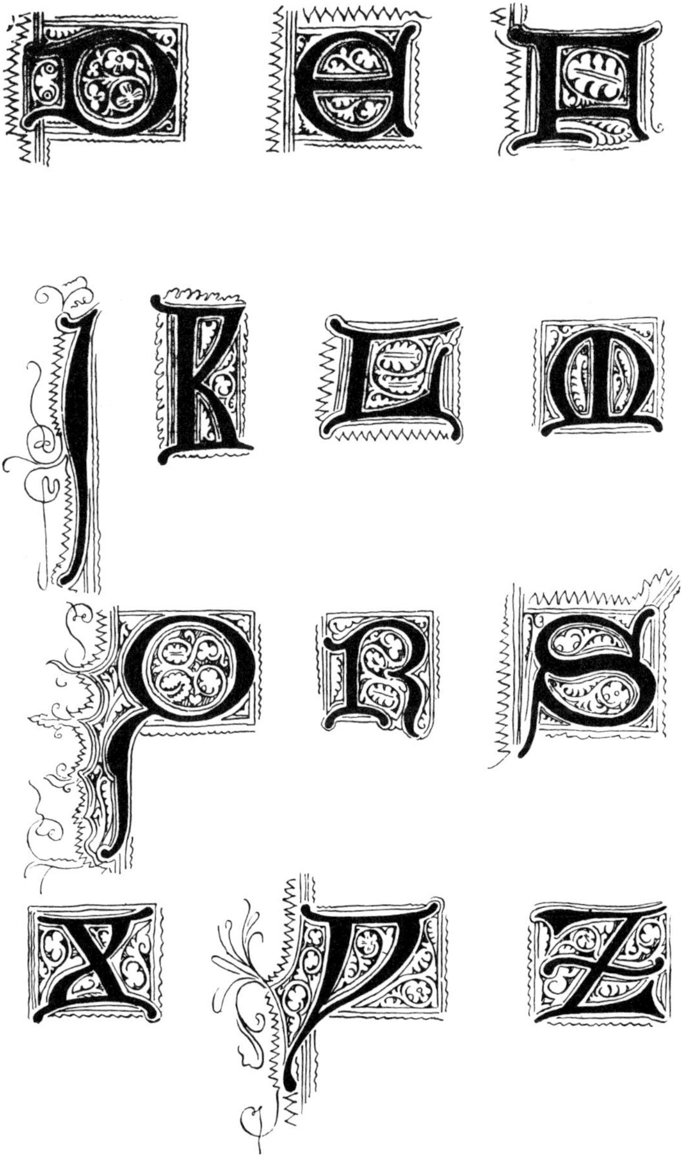

Handschrift. Um 1400.

65. Stein. Westminster-Abtei. Um 1400.

66. In Stein gehauen. Spanisch.

67. Handschrift von 1420.

68. Von einem Bildrahmen im Louvre. Aufgemalt. 1480.

69. Deutsche Handschrift. 15. Jahrh.

70. Deutsche Handschrift. 1475.

71. Handschrift von etwa 1475.

72. Französische Holzschnitzerei. Wahrscheinl. 15. Jahrh.

73. Von Metallinschriften. Ende des 15. Jahrh.

74. Von Metallinschriften. Ende des 15. Jahrh.

75. In Marmor gemeisselt. Deutsch. 1482.

76. Holzschnitzerei. Nord Walsham.

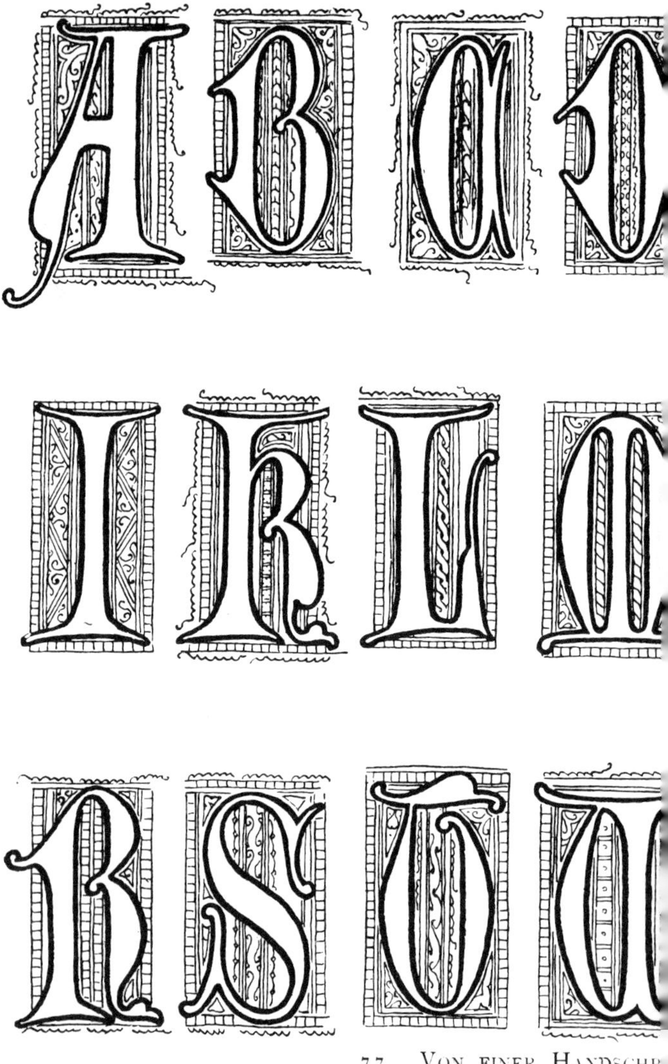

77. Von einer Handschr

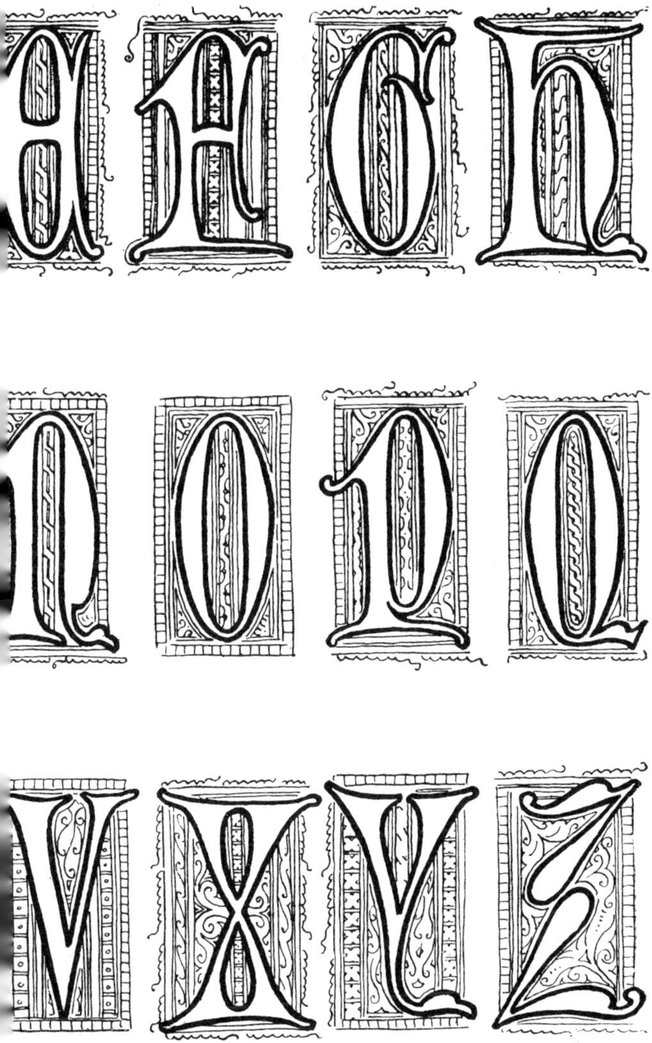

16. Jahrhunderts.

78. Gotisch. 16. Jahrhundert.

79. Von einer Vlämischen inschrift. 1579.

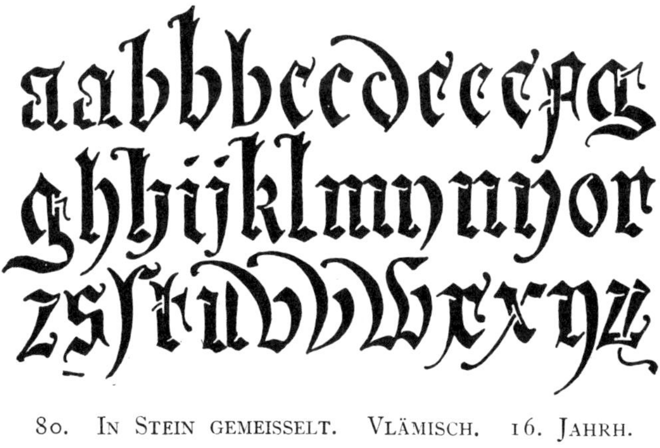

80. In Stein gemeisselt. Vlämisch. 16. Jahrh.

81. Italienisch. Von einem Chorbuc

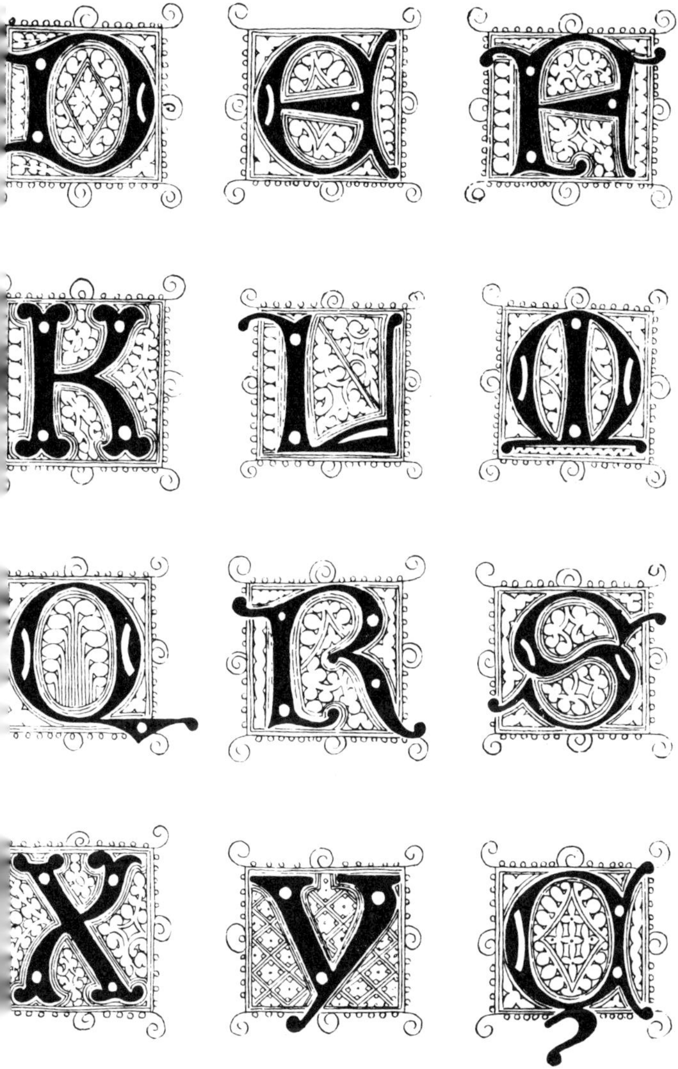

UF MONTE CASSINO. 16. JAHRHUNDERT.

82. ITALIENISCHE HANDSCHRIFTEN. 15. UND 16. JAHRH.

83. Nach Ludovico Curione. 1530.

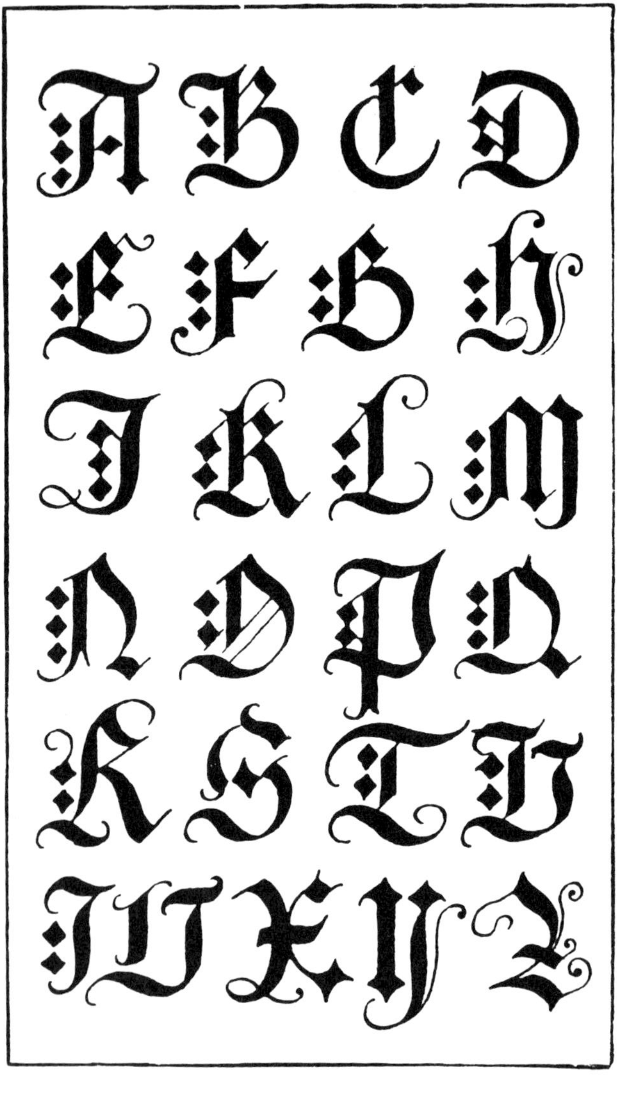

84. Albrecht Dürer. Anfang des 16. Jahrh.

85. Albrecht Dürer. Anfang des 16. Jahrh.

86. Nach G. F. Cresci. 1570.

87. Italienisch. Vespasiano. 1556.

88. Italienisch. Ludo

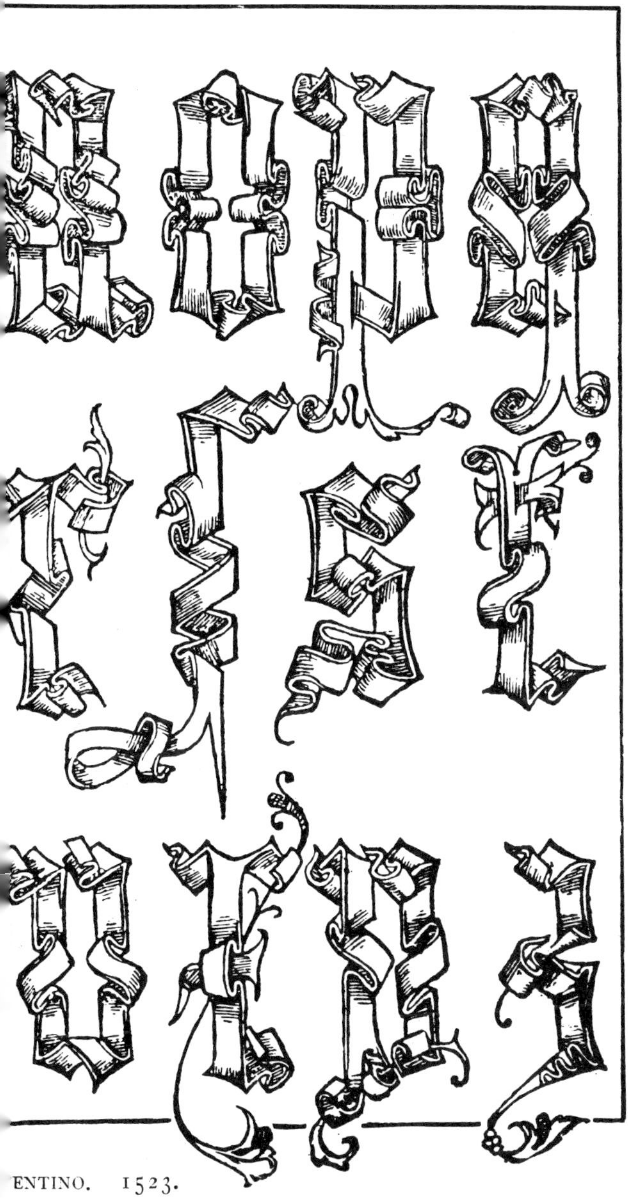

ENTINO. 1523.

89. Italienisch. Vicentino. 1523.

90. Italienisch. Palatino. 1546.

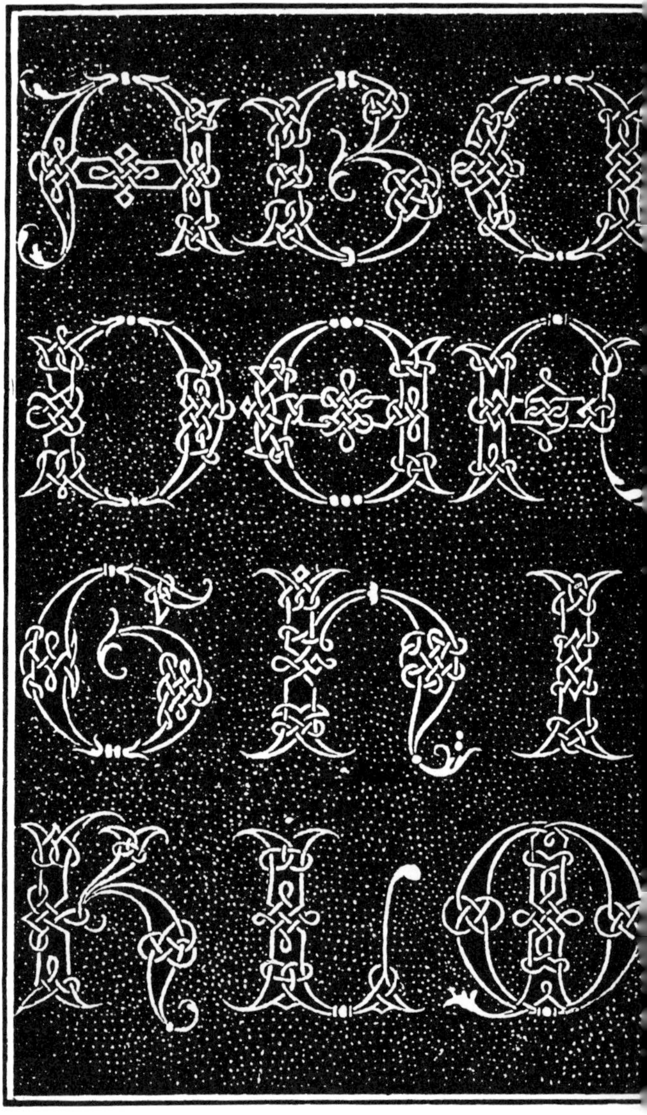

91. ITALIENISCH. LUDOVI

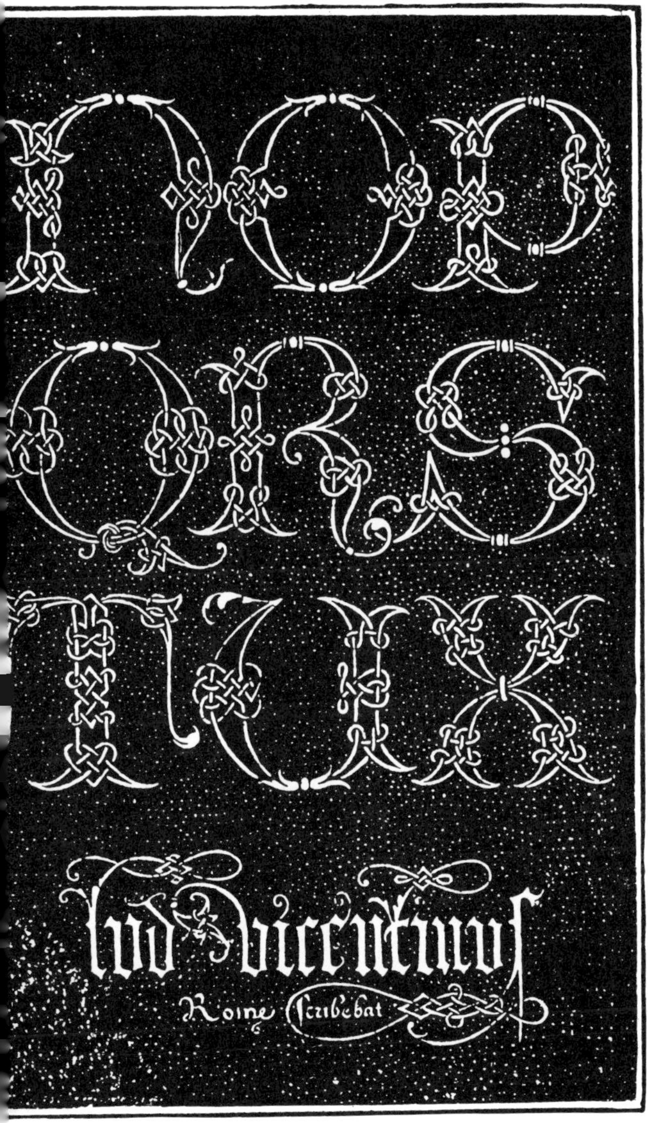

CENTINO. 1523.

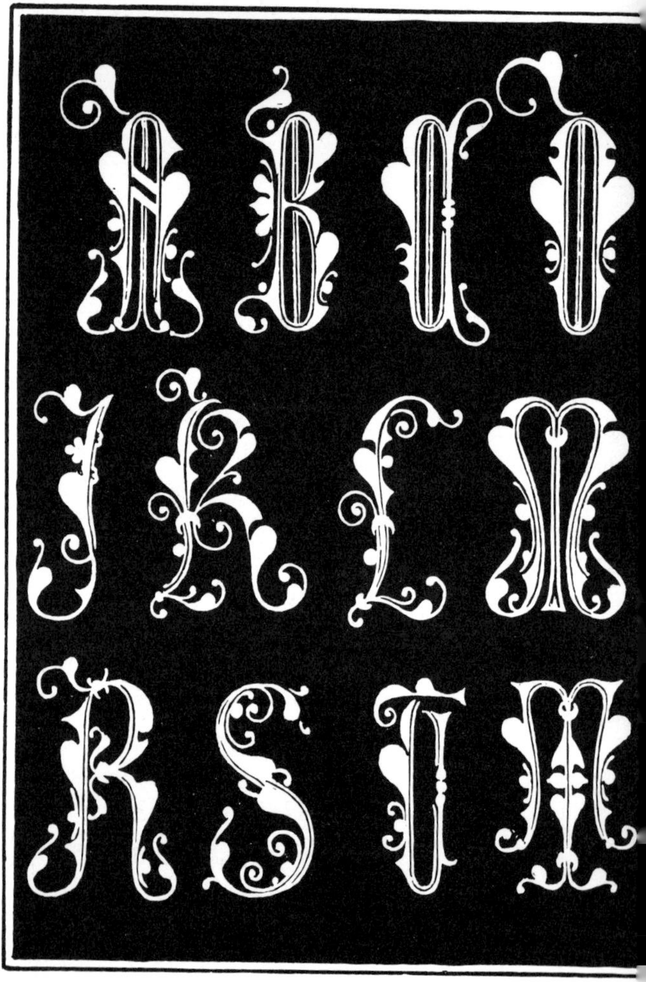

92. Italienisc

F. Cresci. 1570.

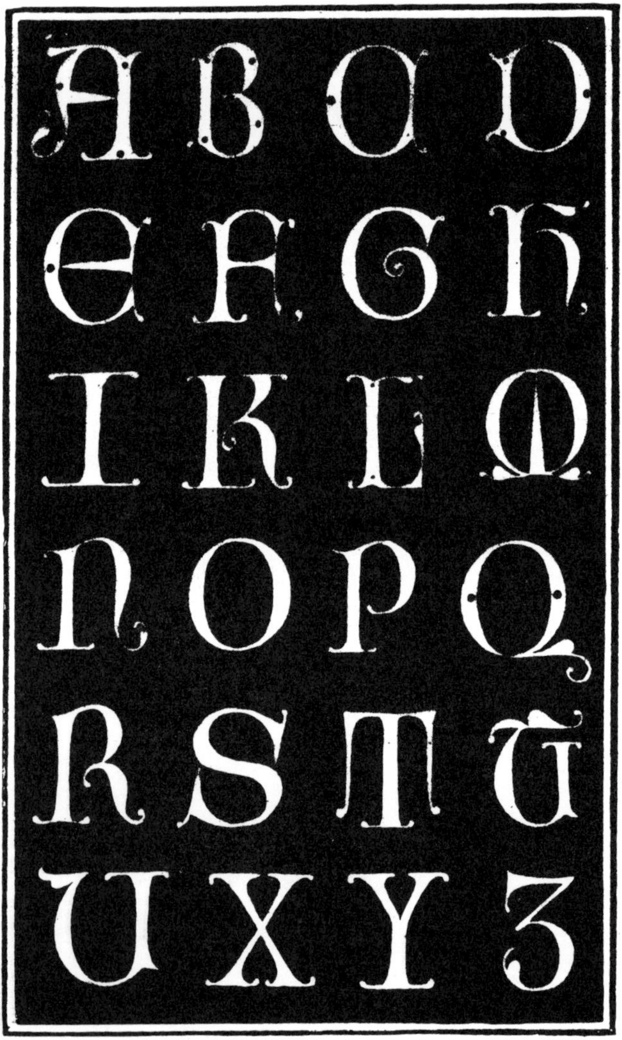

93. ITALIENISCH. G. F. CRESCI. 1570.

94. Italienisch. G. F. Cresci. 1570.

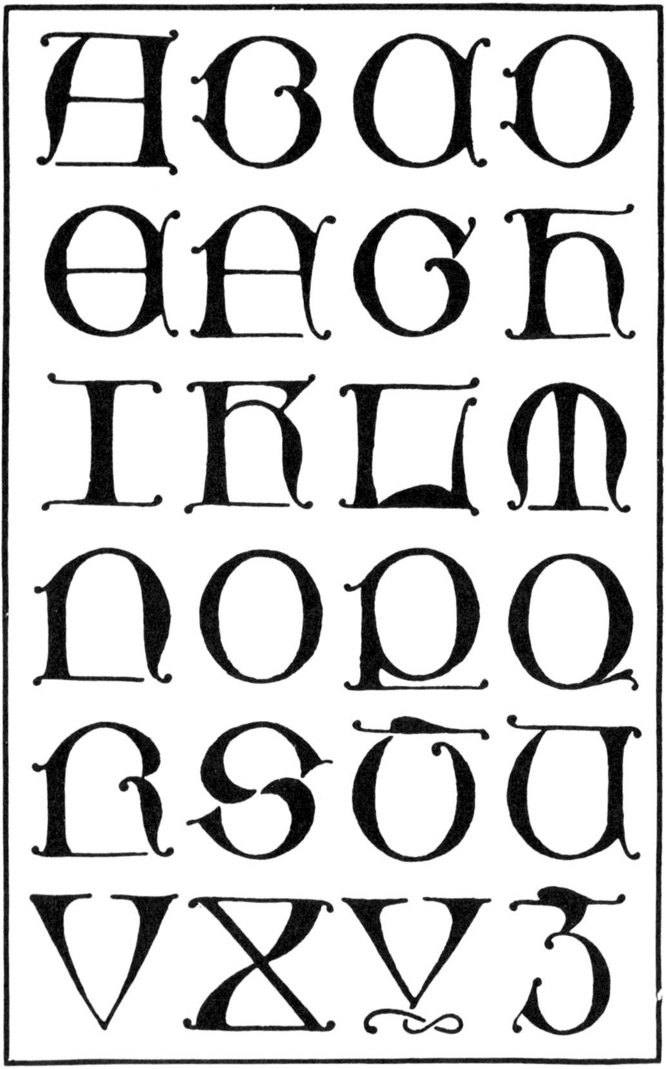

95. Spanisch. Juan Yciar. Erste Hälfte des 16. Jahrh.

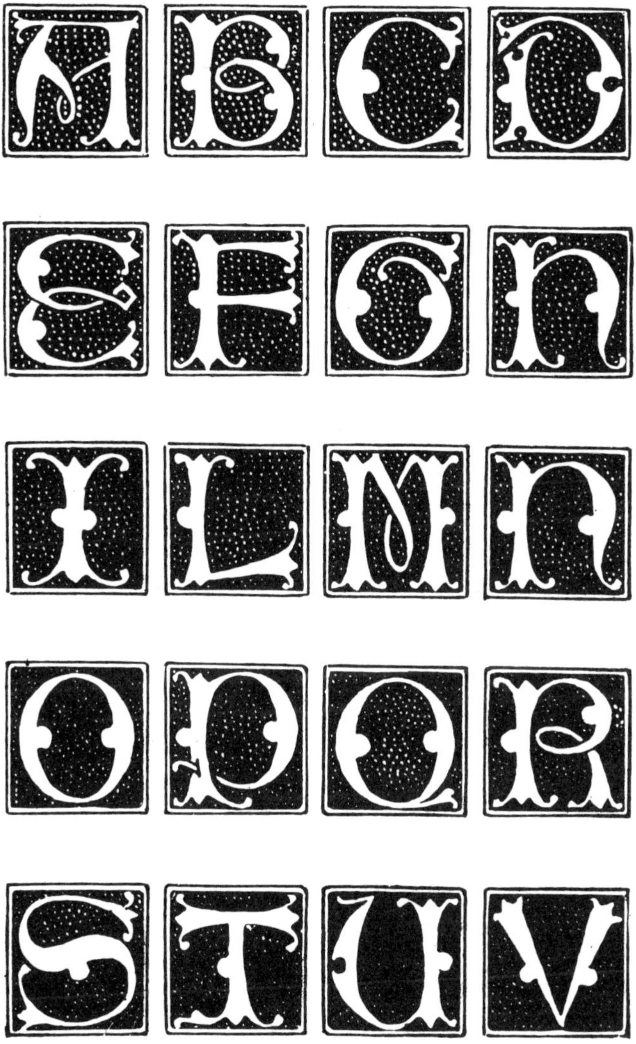

96. Gedruckte Initialen. Ende des 16. Jahrh.

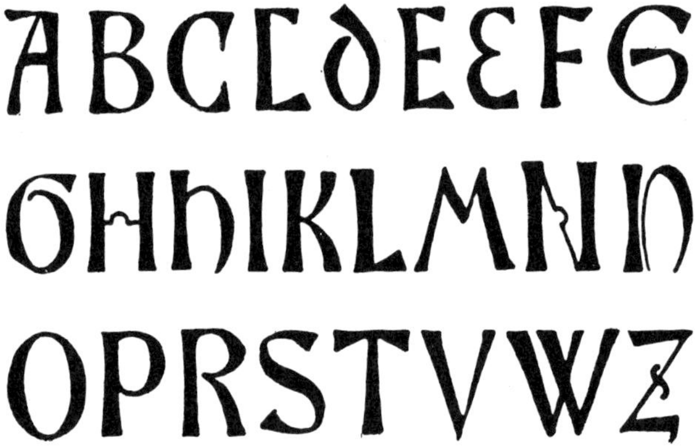

97. Von Metall. Meissen. 1500.

98. Von einem Bronzewerk Peter Vischers. 1405.

99. In Stein gehauen. Florenz. 15. Jahrh.

100. Kupferstich von Heinrich Aldegrever. 1530.

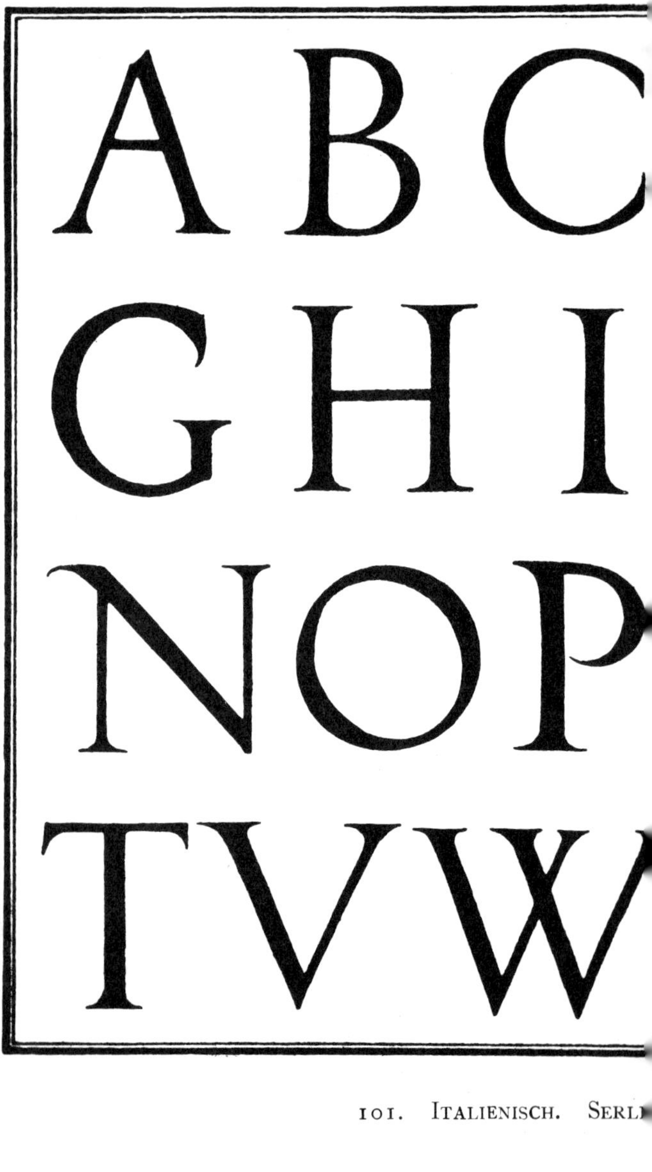

101. Italienisch. Serli

D E F

K L M

Q R S

X Y Z

. Jahrhundert.

102. Deutsc

HOPFER. 1549.

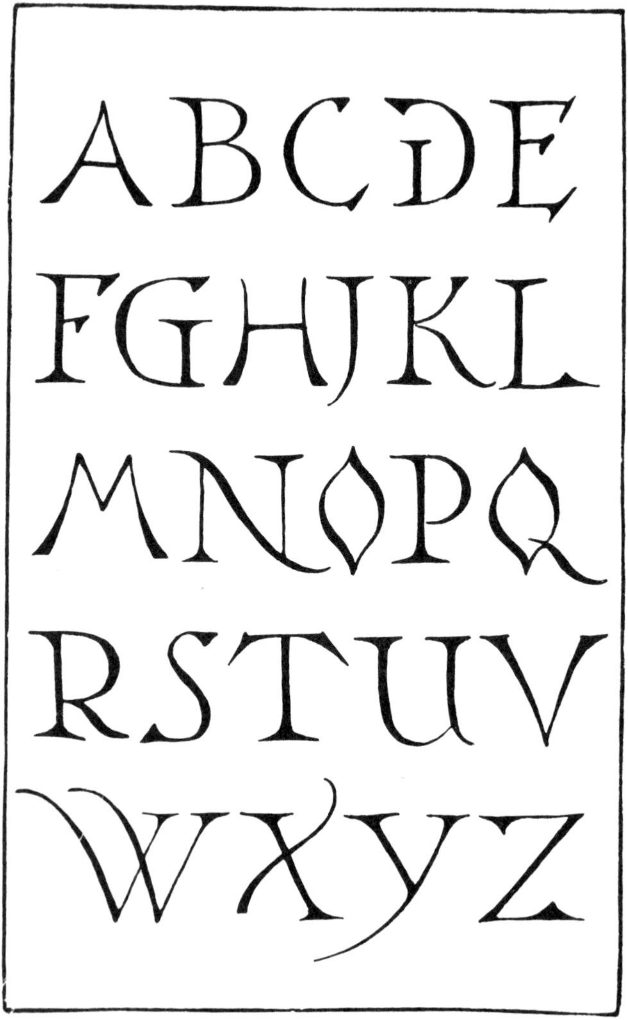

103. Stein. Bingen. 1576, 1598, 1618.

104. Cursivschrift des 17. Jahrh.

105. Stein. Westminster-Abtei. 1665.

106. Englisch. In Stein. Chippenham. 1697.

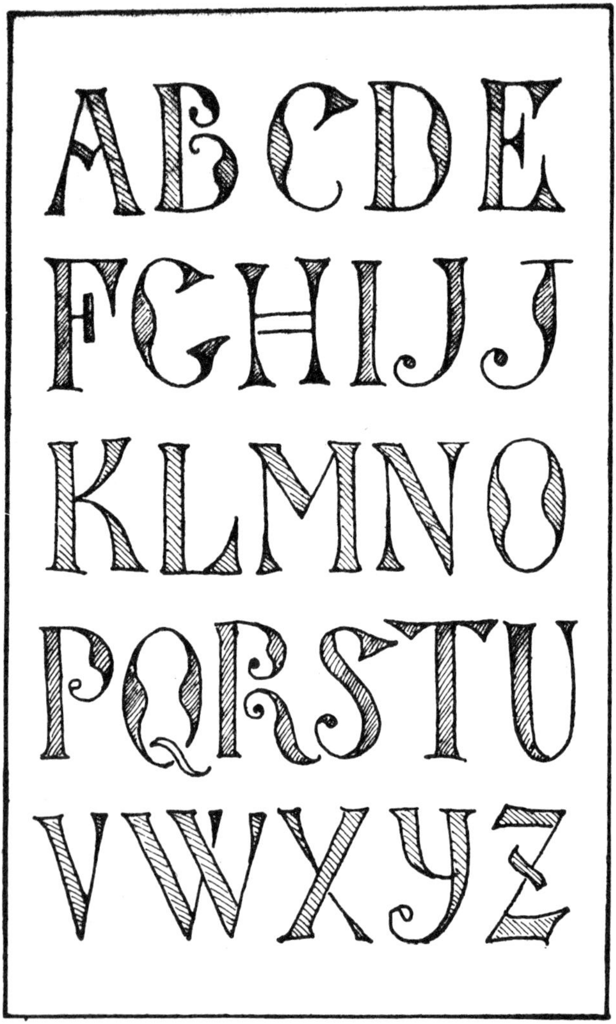

107. GEMALT. DEUTSCH. 1727.

108. Feder-Schrift. Deutsch. J. H. Tiemroth. 1738—48.

109. Metall. Bamberg. 1613.

110. Stein. Osnabrück. 1742—56.

111. SCHIEFER. WÜRZBURG. 1617.

112. Schiefer. Würzburg. 1784.

113. Französisch. Lau

Ludwigs XV.

114. Französisch. E. Guichard. Zeit Ludwigs XV.

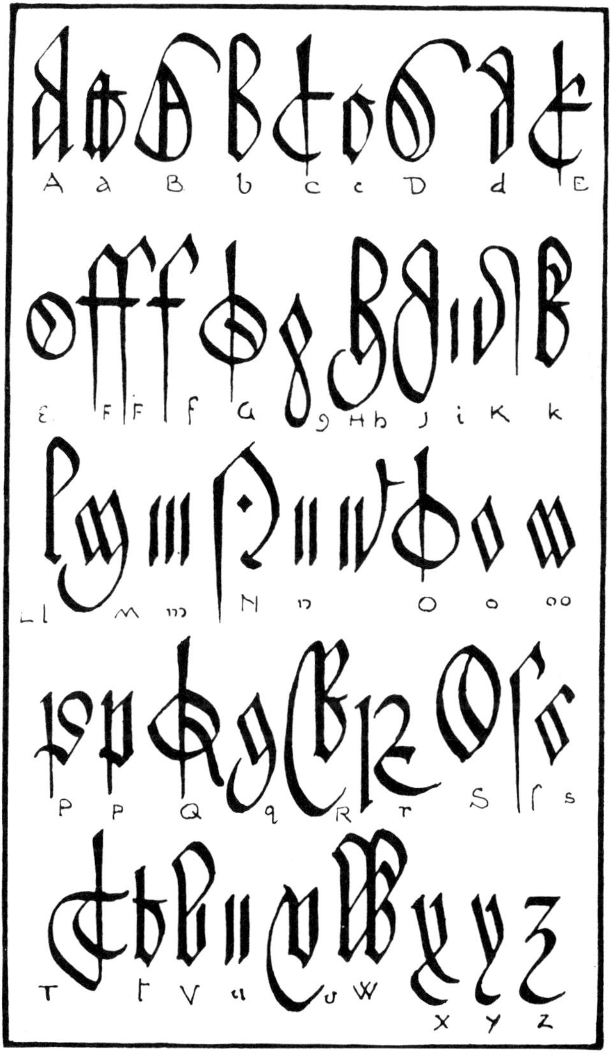

115. Englische Kanzleischrift. Aus A. Wrights „Courthand Restored." 1815.

116. Hebräisches Alphabet.

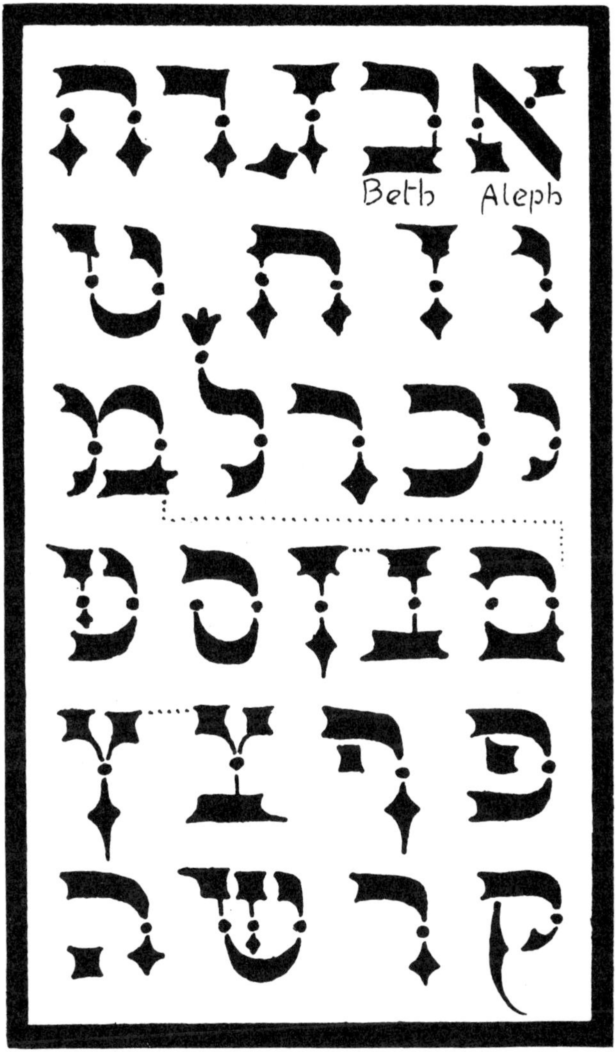

117. Hebräisches Alphabet. Aus Sylvestre's Palaeographie.

118. „Skelettschrift“. J. Vinycomb.

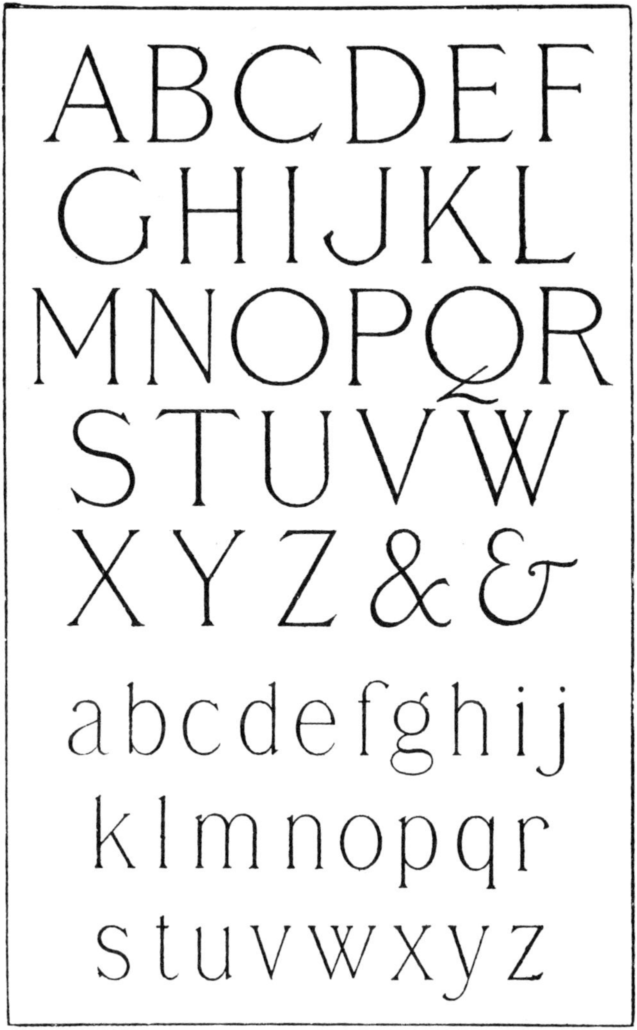

119. „Französisch". J. Vinycomb.

120. L. F. D.

121. L. F. D.

122. Cromar Watt, Architekt.

123. J. W. Weekes.

ABCDEFG

HIJKLMN

OPQRSTU

VWXYZ&

12345

67890

124. Drucktypen von W. Caslon. 18. Jahrh.

abcdefghijkl

mnopqrstuv

wxyz *ABCD*

EFGHIJKL

MNOPQRS

TUVWXYZ

abcdefghijklmn

opqrstuvwxyz

125. Drucktypen von W. Caslon. 18. Jahrh.

ABCDEFGHIJK
LMNOPQRSTU
VWXYZ
abcdefghijklmn
opqrstuvwxyz

126. Moderne Drucktypen „Hogarth“.

ABCDEFGHIJ
KLMNOPQRS
TUVWXYZ &
abcdefghijklm
nopqrstuvwxyz

127. Moderne Drucktypen.

ABCDEFG
HIJKLMN
OPQRSTU
VWXYZ &

abcdefghijkl
mnopqrstuv
wxyz

1234567890

128. Moderne Drucktypen. Gezeichnet von Grasset.

129. Moderne Block-Versalien. W. J. Pearce.

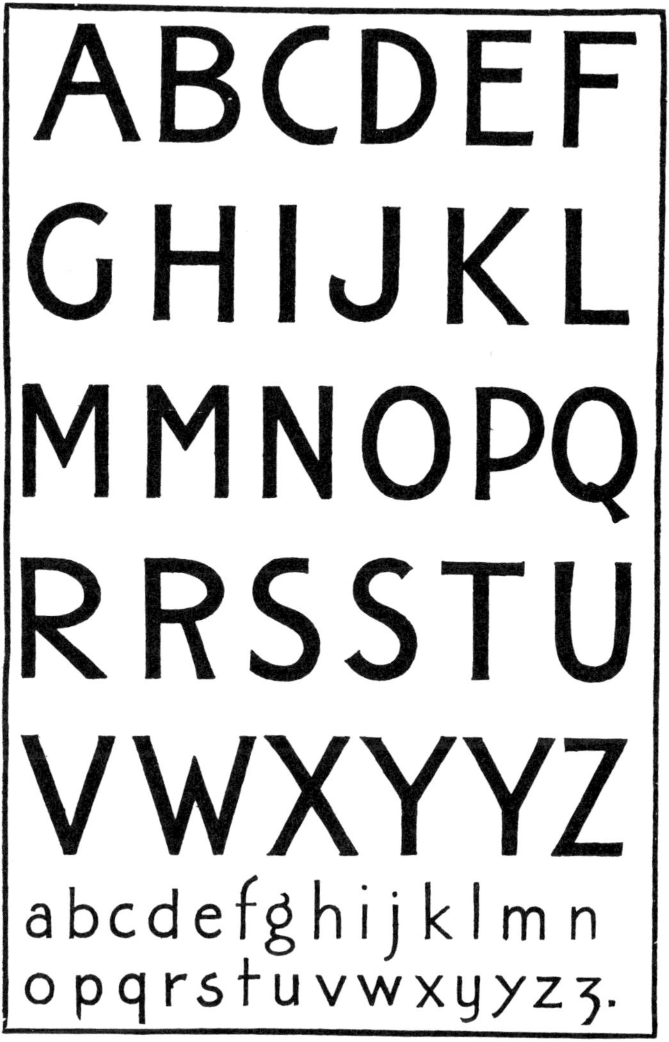

130. „Sans Serif". J. W. Weekes.

131. Federschrift. Roland W. Paul, Architekt.

132. Federschrift. R. K. Cowtan.

133. FEDERSCHRIFT. R. K. COWTAN.

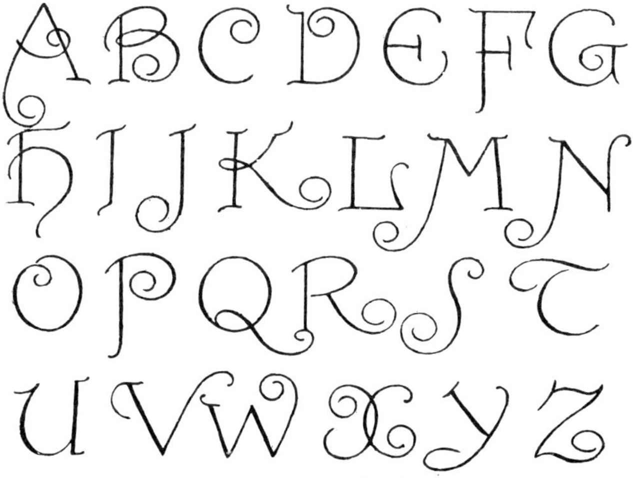

134. FEDERSCHRIFT. R. K. COWTAN.

135. Kursiv „im alten Stil“. J. Vinycomb.

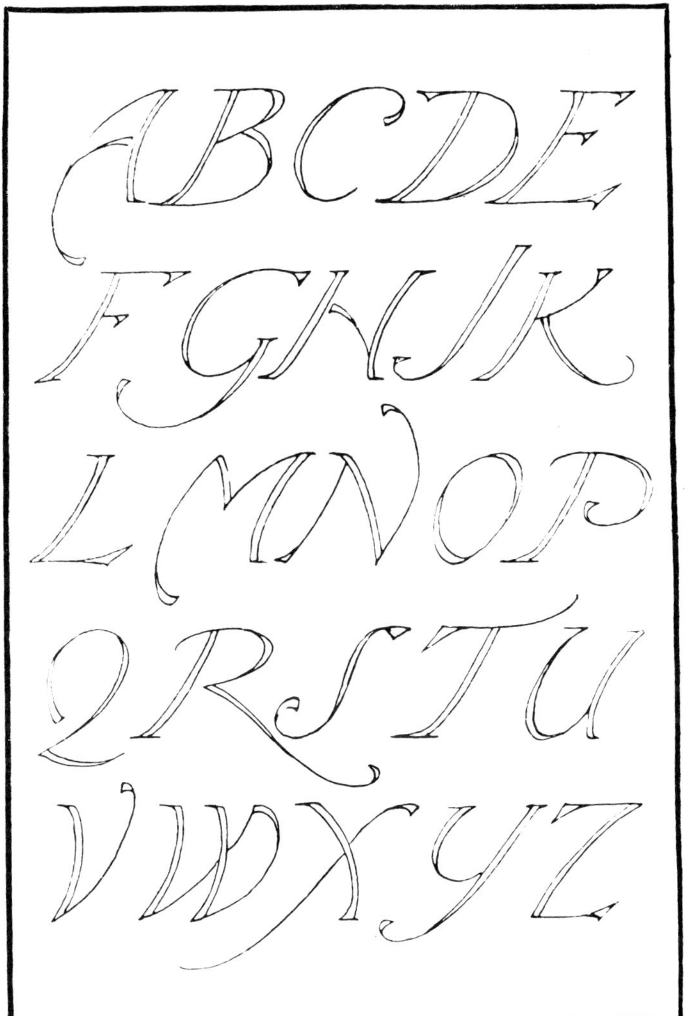

136. Kursivschrift. L. F. D.

ABCDEFG
HIJKLMMN
NOPQQRR
STVWXYZ

abcdefghijklmn
opqrstuvwxyz.
1234567890.

137. J. W. Weekes.

138. Federschrift. Bailey Scott Murphy, Architekt.

ABCDE
FGHIKL
MNOPQ
RSTVW
XYZ &
1905

139. Federschrift. R. Anning Bell.

140. Federschrift. R. Anning Bell.

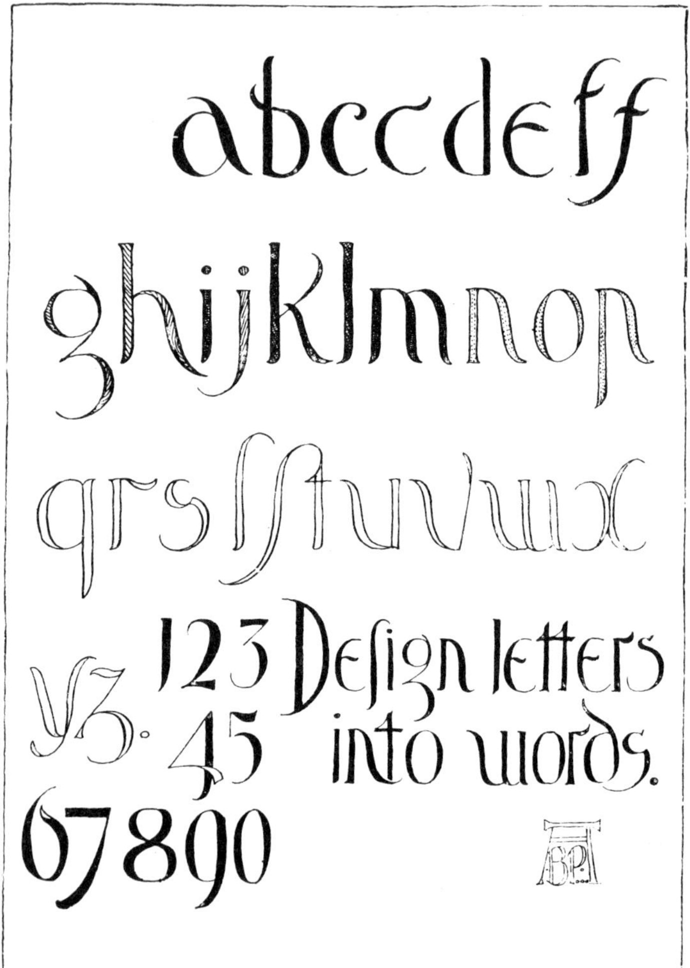

141. Federschrift. Prof. A. B. Pite, Architekt.

142. FEDERSCHRIFT. PROF. A. B. PITE, ARCHITEKT.

143. Mit der Feder geschrieben. J. Walter West.

144. Mit der Feder geschrieben. B. Waldram.

ABCDEF
GHIJKLM
NOPQRST
UVWXYZ

145. „Römische“ Versalien, mit der Feder gezeichnet. B. Waldram.

ABCDEFG
HIJKLMN
OPQRSTU
VWXYZ&

146. Drucktypen. „Römisch“. Modern französisch.

147. Uncialen, mit der Feder geschrieben. B. Waldram.

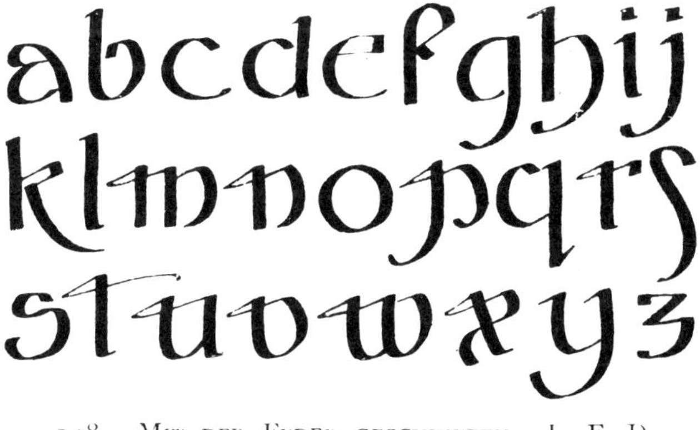

148. Mit der Feder geschrieben. L. F. D.

149. MODERN GOTISCHE VERSALIEN. W. J. PEARCE.

150. Mit der Feder geschrieben. L. F. D.

F. D.

A·B·C·D.

H·I·J·K·L

Q·R·S·T.

X·Y·Z.:,;

EFGHIJKL

UVWXYZ. 12

Patten Wilson.

A B C
G H I
O P Q
U V W

F. D.

ABCD
KLMN
STUV

F. D.

ABCDEF
GHIJKL
MNOPQR
STUVW
XYZ&
abcdefghijklm
nopqrstuvwxyz

155. L. F. D.

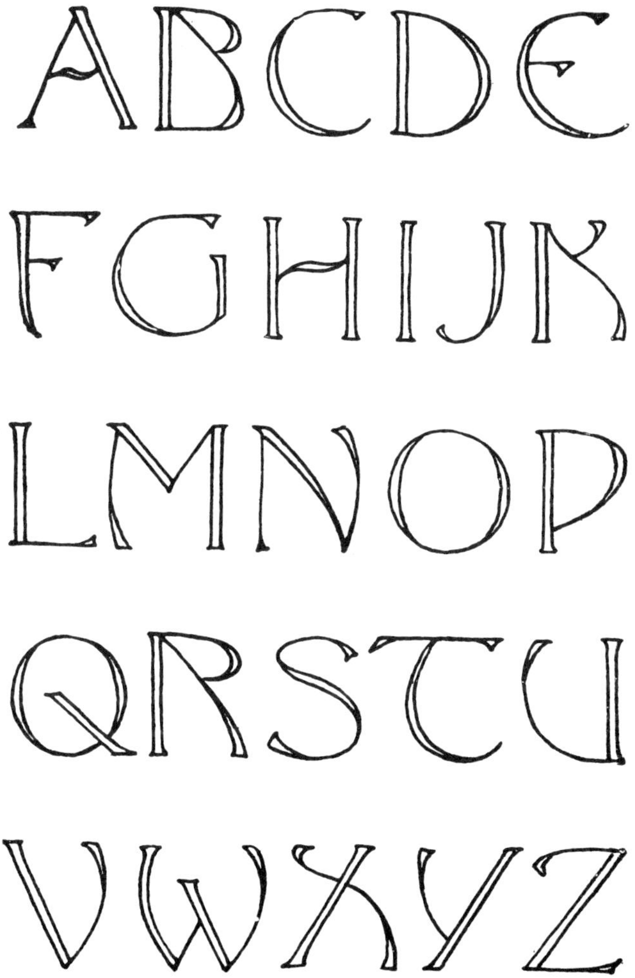

156. Modern. Von einem Deutschen.

157. Für Metall-Gravierungen. Mit Benutzung mittelalterlicher Goldschmiede-Arbeit. L. F. D.

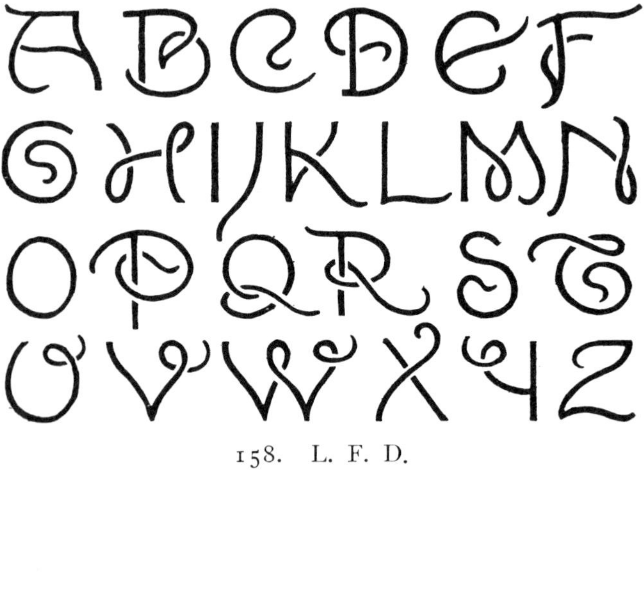

158. L. F. D.

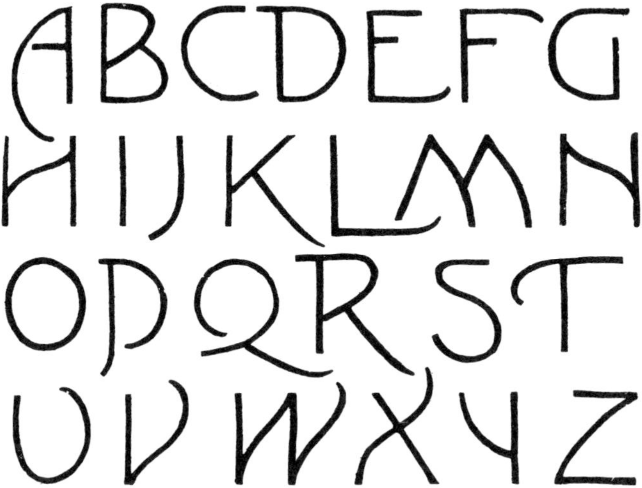

159. L. F. D.

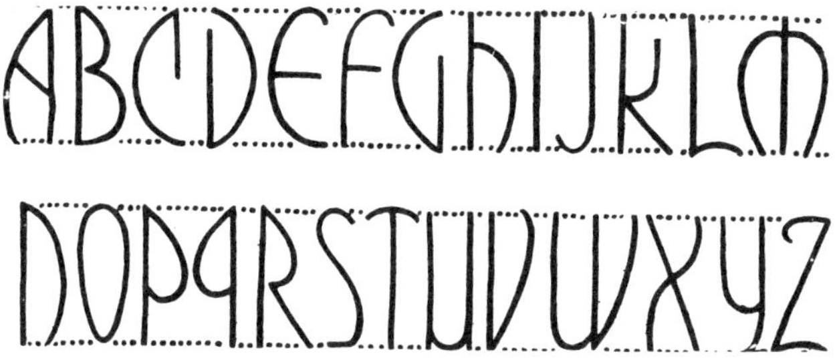

160. Ritzung. Nach alt-spanischen Vorbildern. L. F. D

161. Otto Hupp. „Alphabete und Ornamente“.

162. Vorzeichnung für Metall-Gravierung; nicht ungeeignet für Federschrift. L. F. D.

163. Mit der Feder geschrieben. L. F. D.

L. F. D.

165. Feder-Zeichnung.

Otto Hupp.

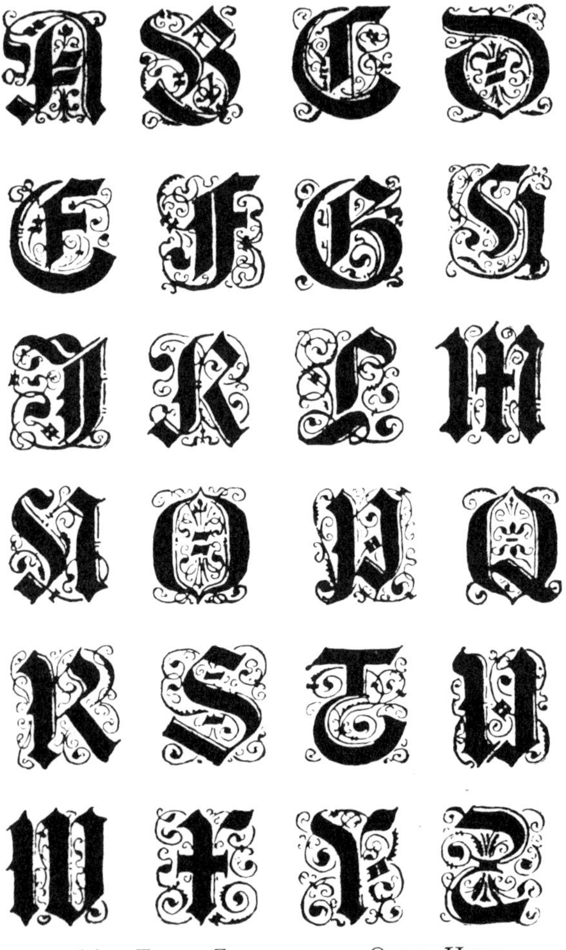

166. Feder-Zeichnung. Otto Hupp.

167. FEDER-ZEICHNUNG. OTTO HUPP.

168. Feder-Zeichnung.

Walter Crane.

169. Feder-Zeichnung.

Walter Crane.

170. Zum Einmeisseln. Alf

PENTER UND L. F. D.

171. Eingehauen mit Cementfüllung. Prato. 1410.

172. Ätzung auf Lithographen-Stein. Nürnberg. 1765—70.

173. Hol

HNITZEREI. L. F. D.

174. Gravierung in Silber. L. F. D.

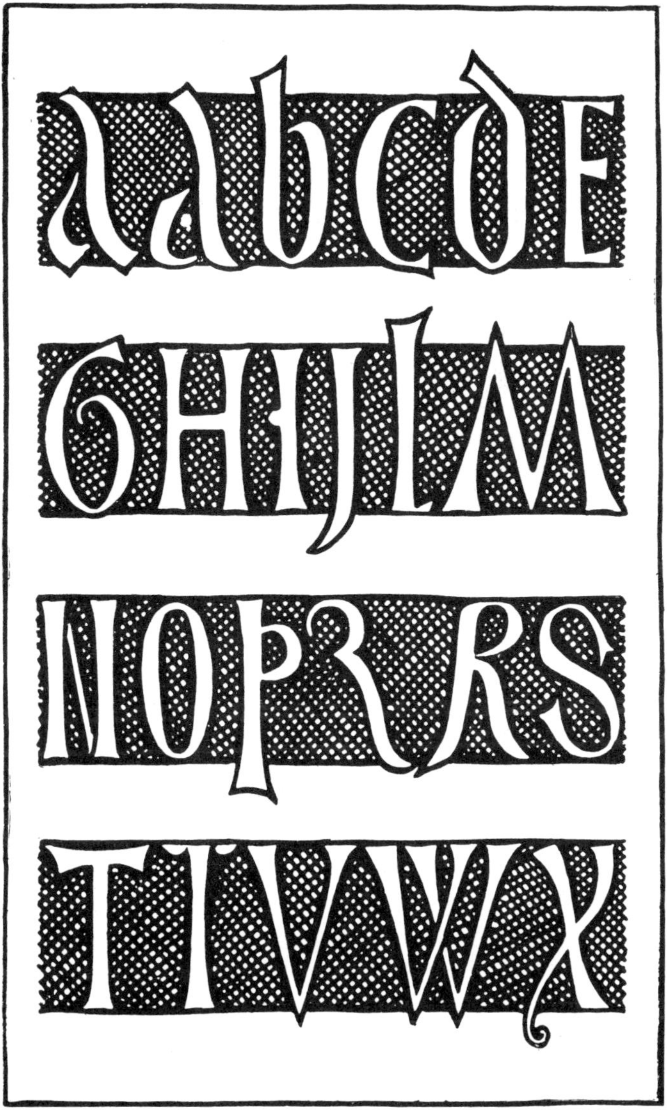

175. Gravierung auf Messing. Bamberg. 1464.

176. Aufgenähte Schnüre. L. F. D.

177. GETRIEBENES METALL. L. F. D.

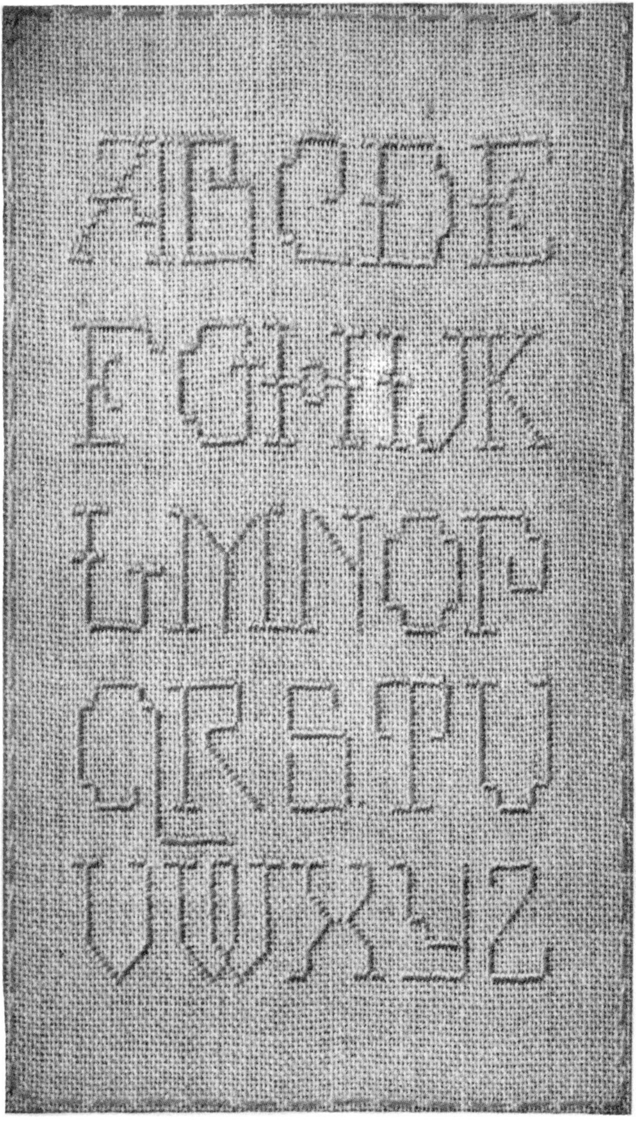

178. Stickerei. Nach älteren Vorbildern. L. F. D.

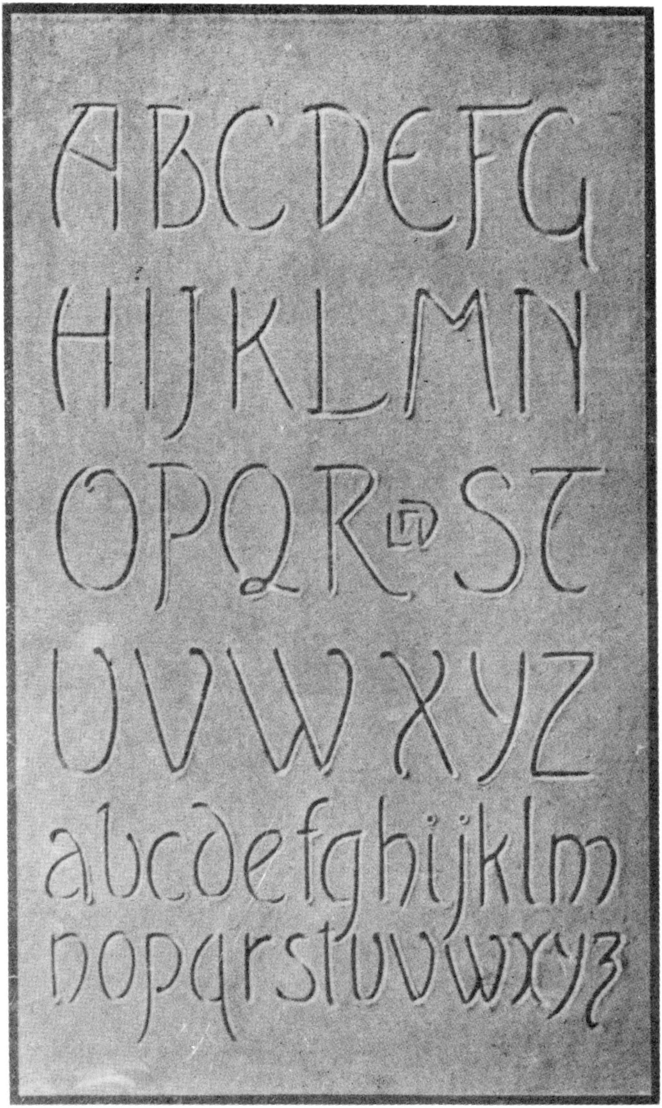

179. THON-RITZUNG. L. F. D.

180. Aus dem Stickmuster-Buch von Giovanni Ostans.

181. Holzschnitzerei. Englisch. 1638.

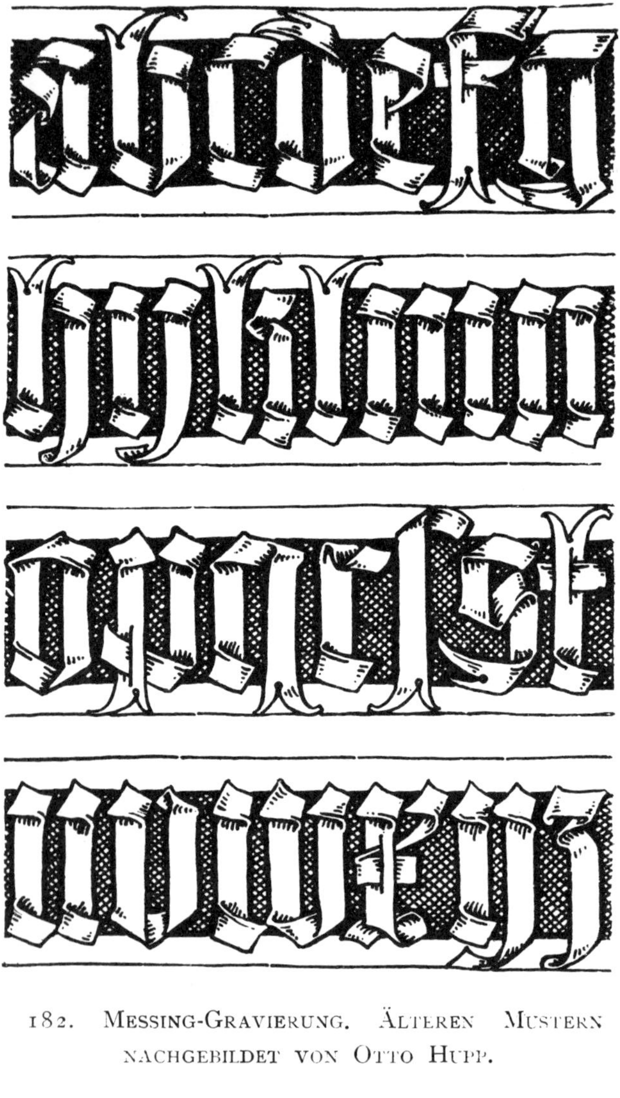

182. MESSING-GRAVIERUNG. ÄLTEREN MUSTERN NACHGEBILDET VON OTTO HUPP.

183. Gemalt. Vlämisch. Anfang des 16. Jahrh.

184. Rechtwinklig. Nach chinesischer Manier. L. F. D.

185. Pinselschrift. Nach japanischer Manier. L. F. D.

186. PINSELSCHRIFT. MUCHA.

187. Schablonenschrift. Von E. Grasset und M. P. Verneuil.

188. Mit der Feder, von Franz Stuck.

abcdefghijklmn
opqrstuvwxyz

Of course the first question is that of materi: al; and care must be taken to choose or de: sign an alphabet, not only practicable in, but suitable to, the medium in which it is to be executed. One of the commonest errors is that of taking a style of lettering excell: ent when written on parchment or paper, with a quill pen, and carving it, let us say for example, on wood. Of course the result is often, although by no means necessarily so, incongruous in the extreme. Many letter forms are, indeed, interchangeable in this way: but if it is desired to adapt the letter. ing of one class of object to the purposes of

189. KURSIVSCHRIFT. SELWYN IMAGE.

190. UND-ZEICHEN. 7. UND 8. JAHRHUNDERT.

191. Und-Zeichen, in freier Wiedergabe von Mustern vom 16. Jahrh. ab.

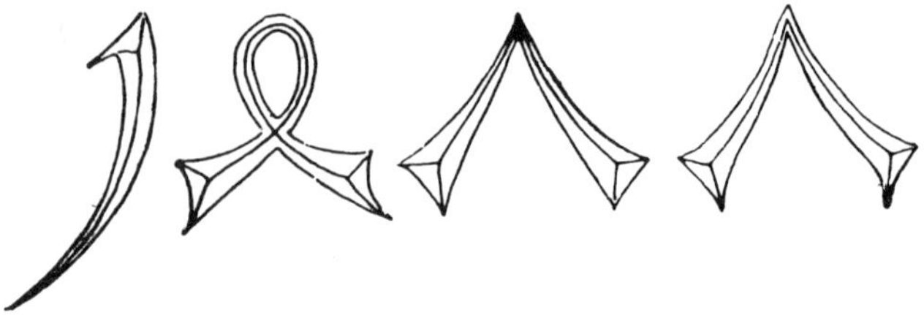

192. In Stein gehauen. 1477.

193. Stein und Messing. 1439—1491.

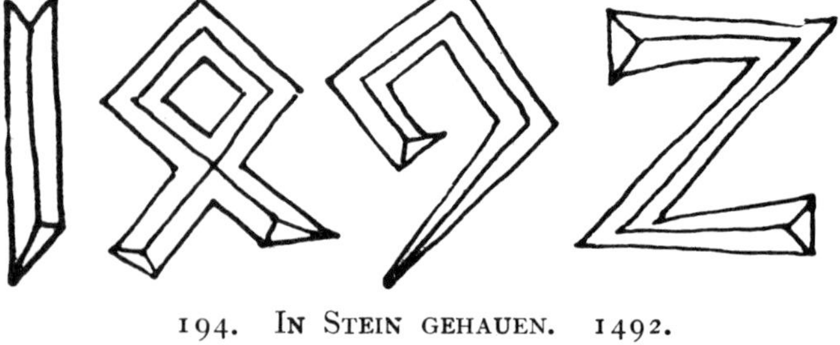

194. In Stein gehauen. 1492.

195. MEISTENS MESSING. 1520—1545.

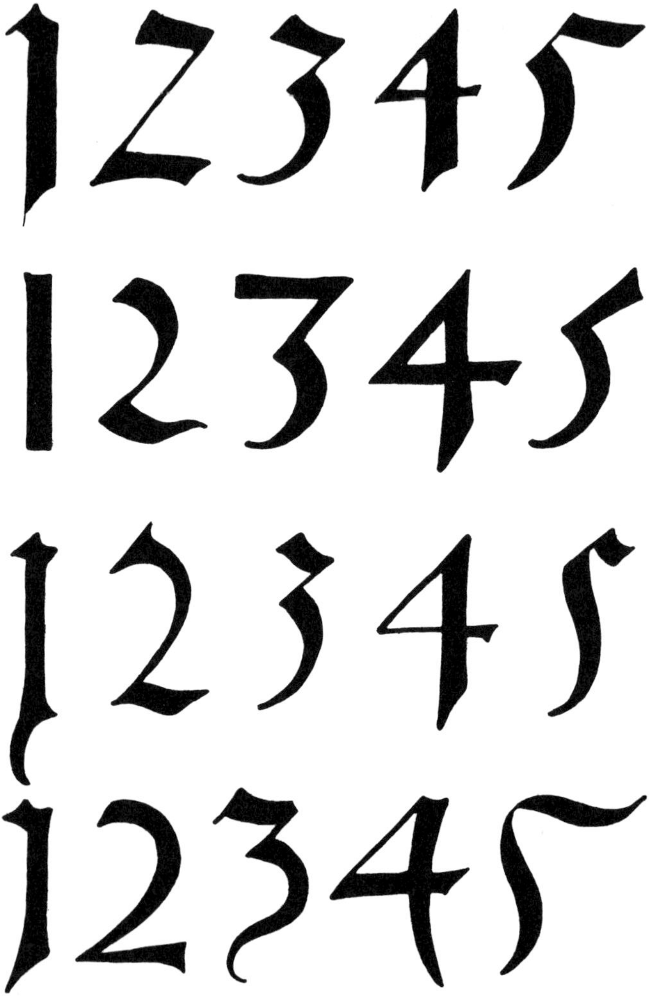

196. Von altdeutschen

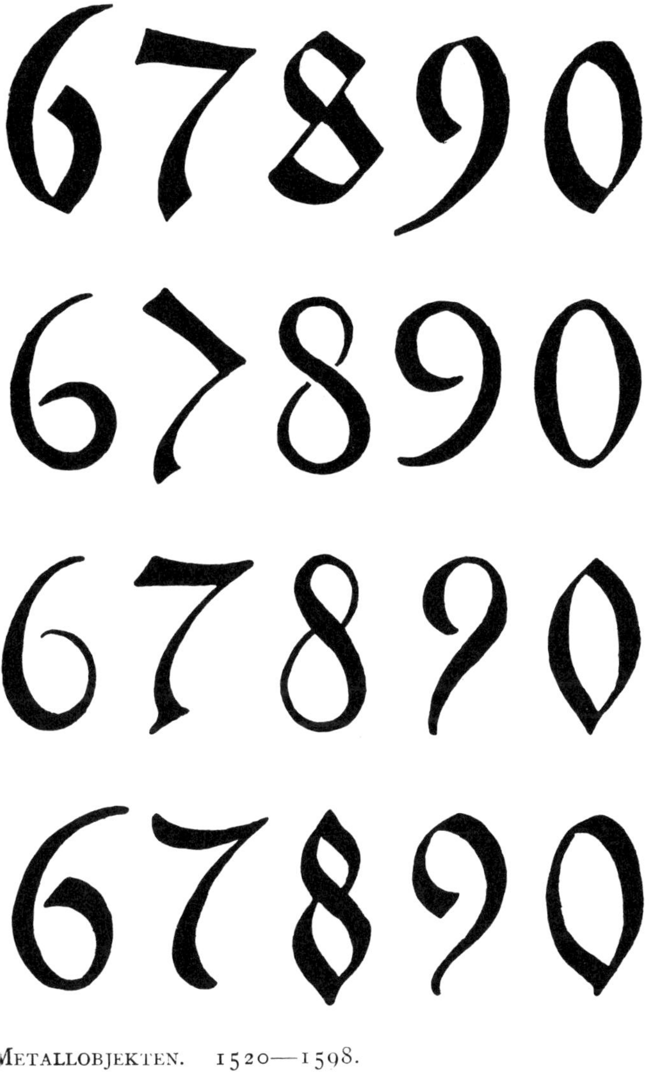

Metallobjekten. 1520—1598.

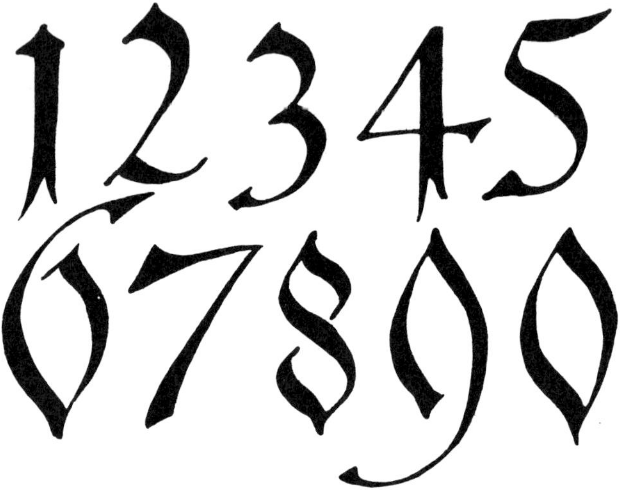

197. Bronze. Um 1550.

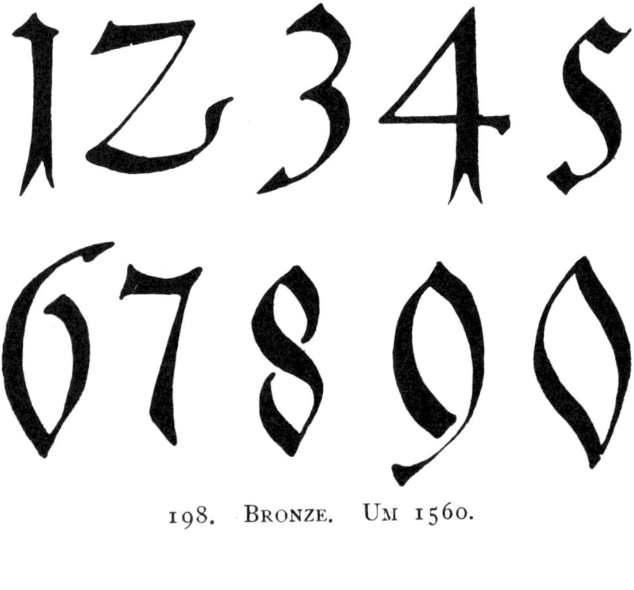

198. Bronze. Um 1560.

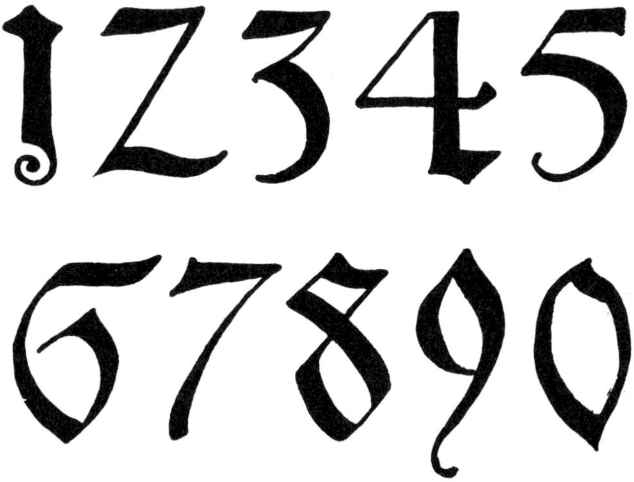

199. Mit dem Pinsel auf Faience gemalt. 16. Jahrh.

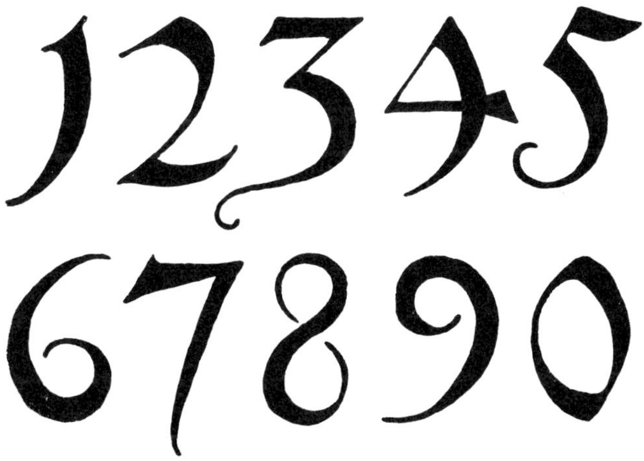

200. Mit dem Pinsel. 16. oder 17. Jahrh.

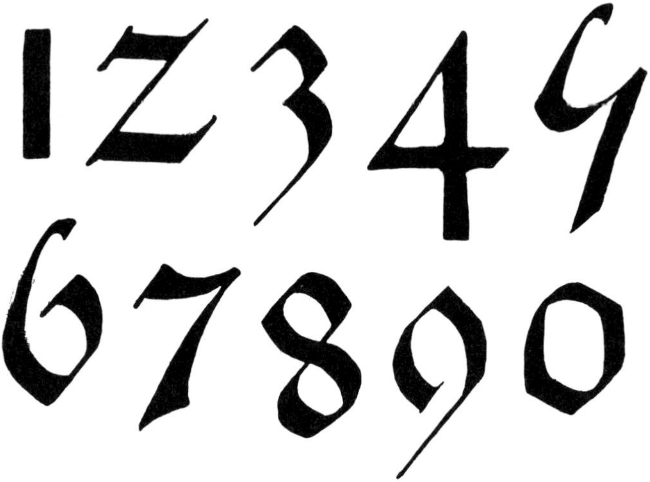

201. Italienische Handschrift. 16. Jahrh.

202. Mit dem Pinsel. Gold auf schwarzem Grund. 1548?

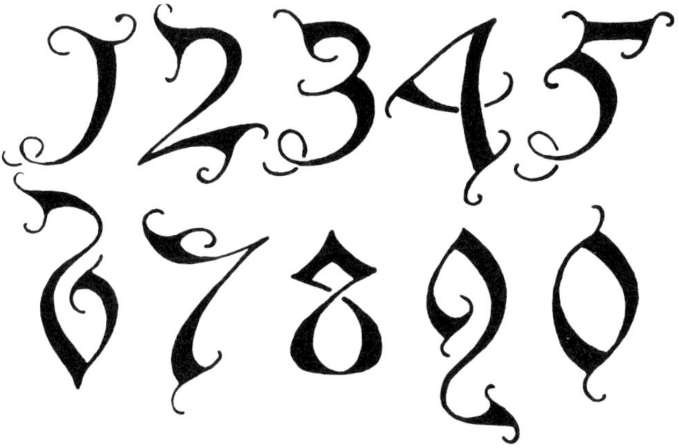

203. In Holz eingeschnitten. Deutsch. 1588.

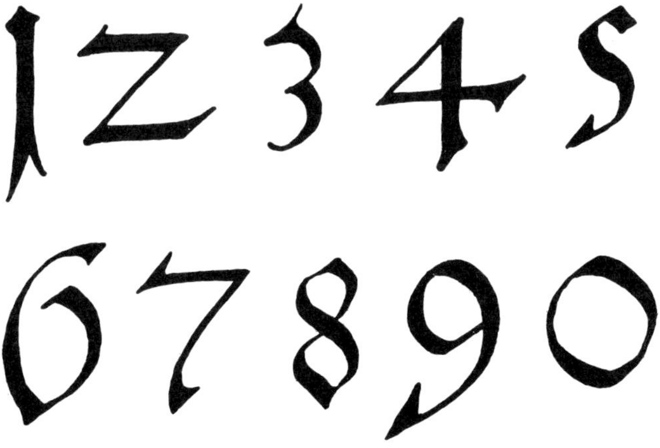

204. Messing. 16. Jahrhundert.

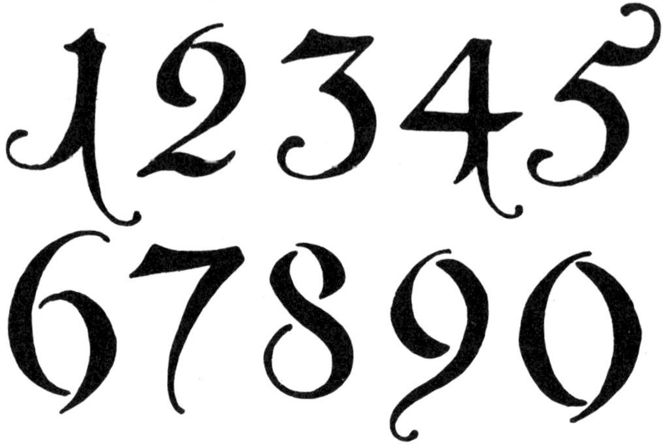

205. Mit dem Pinsel gemalt. 16. Jahrh.

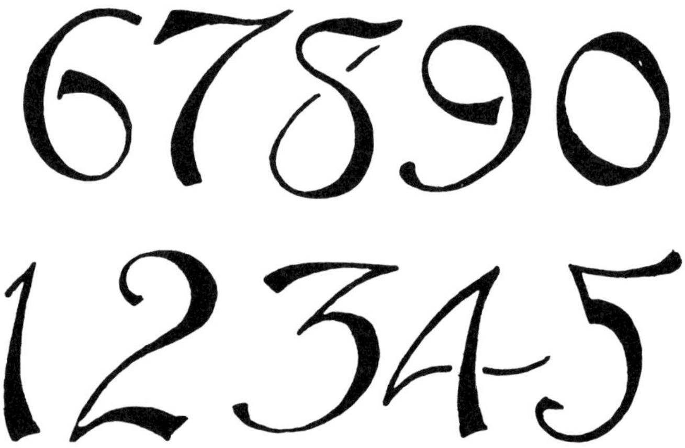

206. Mit dem Pinsel. Um 1700.

207. In Stein gehauen. 1634.

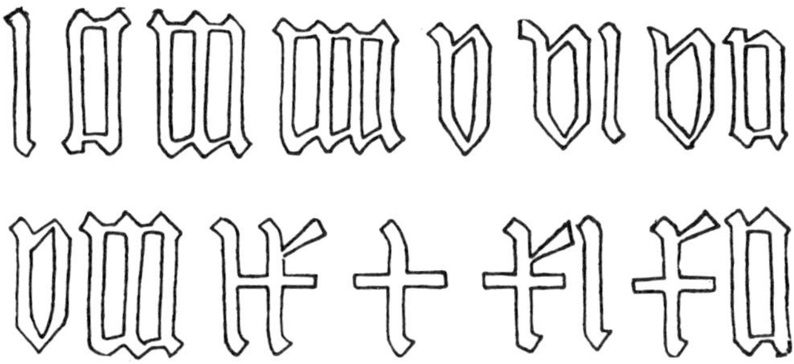

208. Messing- oder Bronze-Relief. 1647.

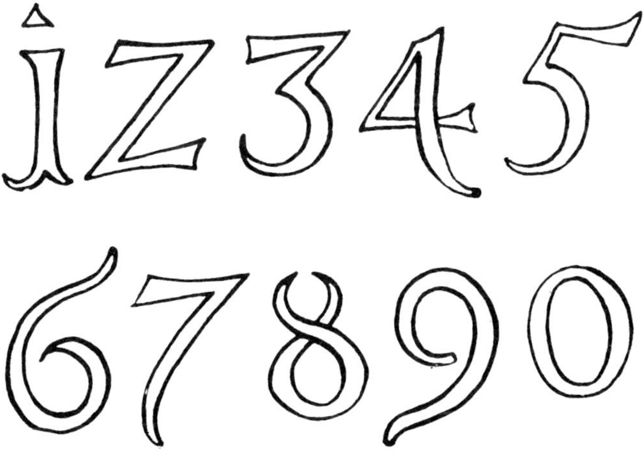

209. Stein. 1692.

210. Messing und Holz. 1563—1707.

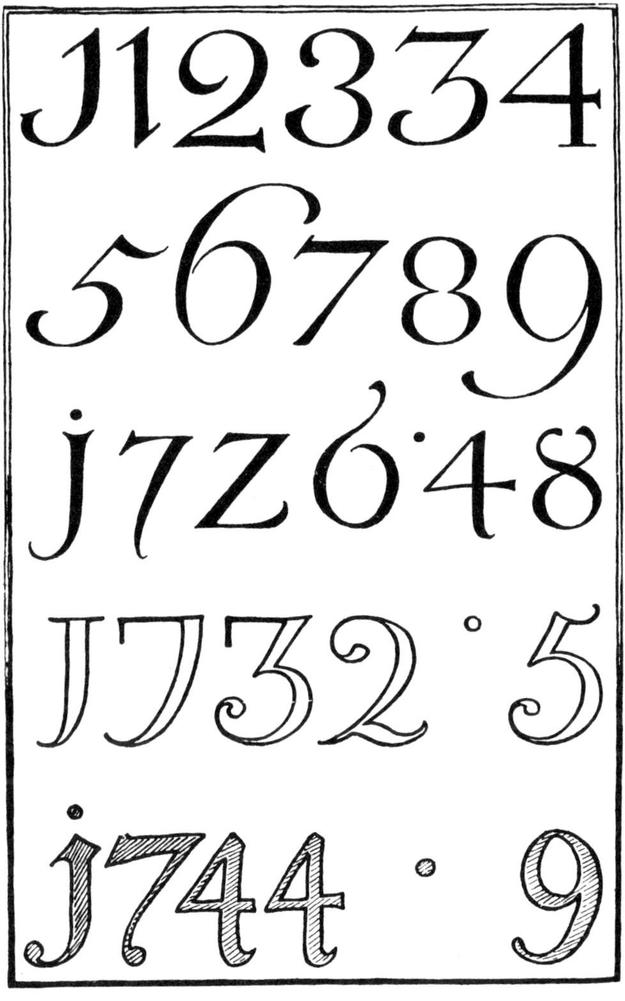

211. 18. Jahrhundert.

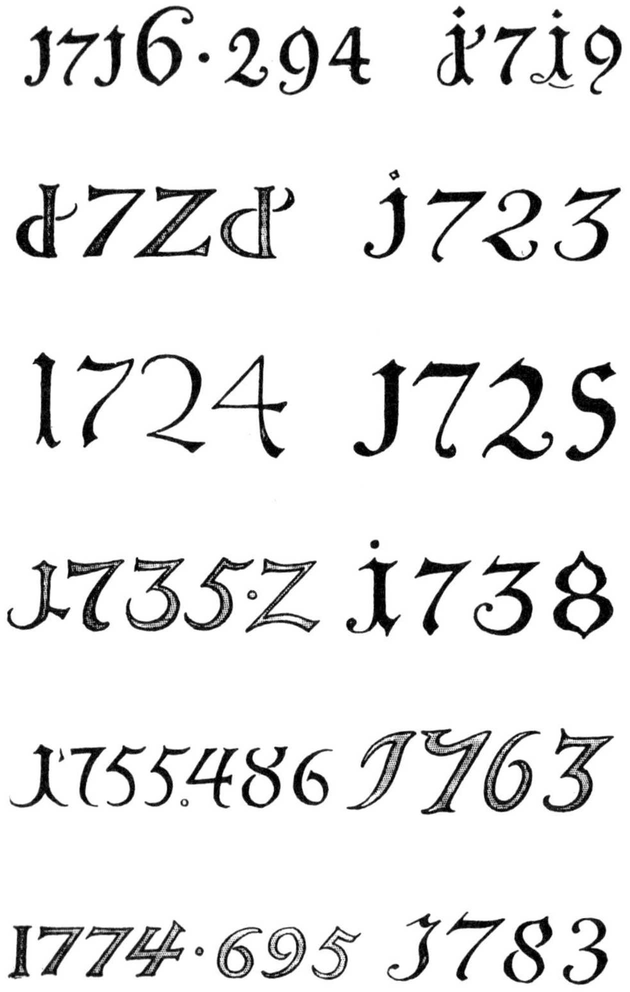

212. Stein- und Metall-Inschriften. 1716—1783.

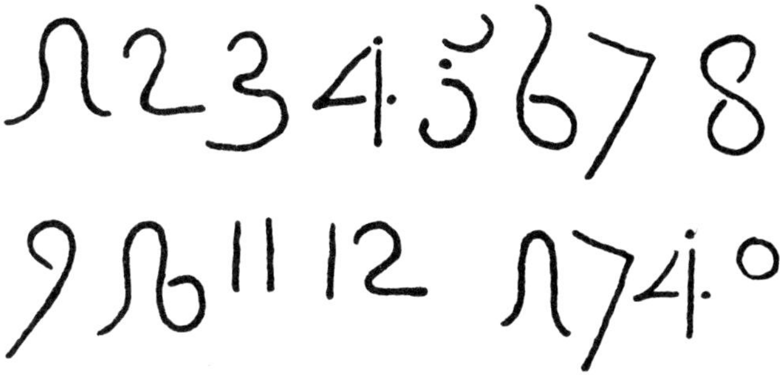

213. Messingdraht-Einlage in Holz. 1740.

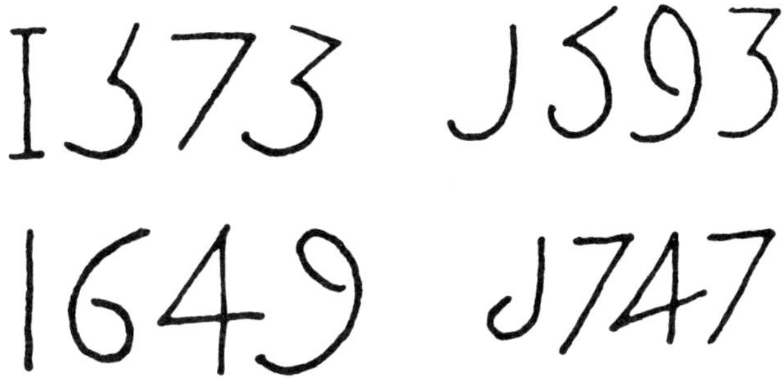

214. In Stahl graviert, oder Drahteinlage in Holz.

215. L. F. D.

216. Modern.

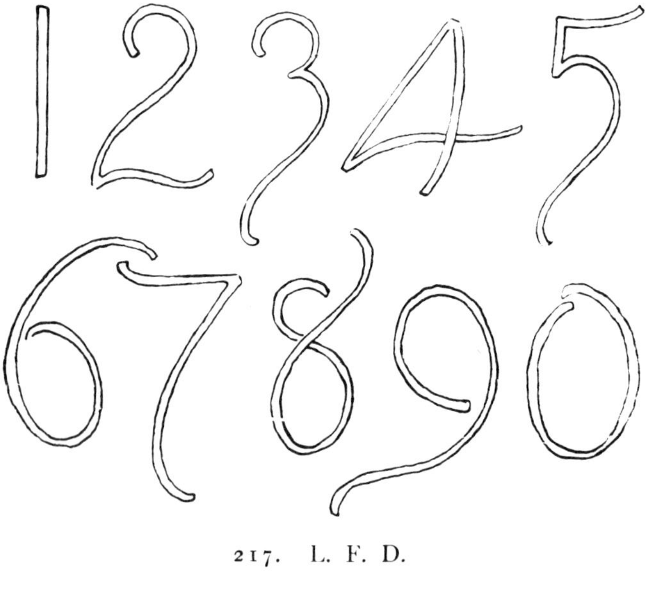

217. L. F. D.

218. ALOIS MÜLLER.

219. L. F. D.

NACHWORT VON HANS A. HALBEY

Es ist bezeichnend, daß dieses Buch über alte und neue Alphabete gerade zur Jahrhundertwende erschien – die erste Auflage kam im Jahr 1900 heraus; und es ist ebenso bezeichnend, daß man schon 1906 ein zweite, verbesserte und erweiterte Auflage, eben die hier wiedergegebene, folgen ließ. Im letzten Jahrzehnt des 19. Jahrhunderts war nämlich, zuerst zögernd und vereinzelt, dann zunehmend und weiter verbreitet, ein neues Interesse für schöne Schrift und für das Schreiben erwacht.

Man muß dieses erneute Interesse in einen allgemein sich äußernden Formwillen eingebettet sehen, der die Bereiche Architektur, Inneneinrichtung, Gebrauchsgeräte und Kunstgewerbe umfaßte. Neues ästhetisches Bewußtsein mußte sich damals zwangsläufig als Reaktion auf die generelle Verflachung allen Formenguts infolge der hektischen Industrialisierung im Lauf des 19. Jahrhunderts entwickeln. Neuartige maschinelle Produktionsmethoden führten zu einer Art Fortschrittsrausch und verengten die Blickrichtung der Unternehmer auf Gewinn und ständige Expansion. Daß industriell gefertigtes Gebrauchsgerät auch schön sein könnte, ja, daß gute Industrieform sogar ein den Markt mitbestimmender Faktor werden könnte – diese Erkenntnisse stellten sich erst nach der Jahrhundertwende ein; man denke nur an die Gründung des Deutschen Werkbunds im Jahr 1907 mit dem Ziel, «die Qualität gewerblicher Arbeit durch Erziehung und Beispiel zu verbessern».

Auch im Bereich des Schrift- und Druckwesens begann schon im zweiten Jahrzehnt des 19. Jahrhunderts die heute so genannte «zweite technische Revolution» (nach der ersten, die Johannes Gutenberg durch seine Erfindung des Druckens mit beweglichen Typen ausgelöst hatte): 1812 wurde die Schnellpresse erfunden, in der Nacht vom 28. auf den 29. November wurde die «Times» in London zum erstenmal auf einer Königschen Schnellpresse gedruckt, die nun ihren Siegeszug antrat. Doch viele Drucker und

Verleger waren vorerst dem Neuen gegenüber skeptisch. Der Verlagsinhaber Göschen äußerte sich zu Friedrich König geradezu prophetisch: «Ihre Maschine wird viele Abdrücke liefern, aber nichts Schönes.»

1819 erfand Henri Didot in Paris ein Gießinstrument, mit dem eine Vielzahl von Buchstaben in einem Guß hergestellt werden konnte. 1837 eröffnete der Stempelschneider Johann Christian Bauer in Frankfurt am Main eine Schriftschneiderei und mechanische Werkstatt, aus der die später weithin bekannte «Bauersche Gießerei» hervorging. 1840 gab es in Deutschland bereits 83 solcher Betriebe. 1844 gab die k. k. Hof- und Staatsdruckerei in Wien eine «Typenschau des gesamten Erdkreises» heraus, die 72, in einer später erweiterten Auflage schon 104 fremde Alphabete zeigte. 1845 legte die Imprimerie Royale in Paris eine prachtvolle Schriftprobe vor, in der sie den vermehrten Bestand an orientalischen Schriften anzeigte. 1846 arbeiteten in den USA die ersten Rotations-Druckmaschinen. Der Engländer John Robert Johnson baute 1853 eine neuartige Schriftgießmaschine mit einem größeren und schnelleren Typenausstoß. Im gleichen Jahr gründete der Verleger Ernst Keil die Zeitschrift «Gartenlaube», die dann eine Auflage von 350 000 Exemplaren erreichte. In Leipzig erschien 1867 als erstes Heft der Reihe «Reclams Universalbibliothek» Goethes «Faust». Schon vorher – 1862 – hatte Johnson zusammen mit Atkinson die erste Komplett-Schriftgießmaschine gebaut. Auf der Basis dieser Maschine wurde von der Bauerschen Gießerei in Frankfurt am Main in Zusammenarbeit mit dem englischen Ingenieur Hepburn eine neue «Universal-Typengieß- und Fertigmachmaschine» konstruiert, deren Einführung einen Wendepunkt in der technischen Entwicklung des Schriftgießereigewerbes darstellte. 1882 erhielt Georg Meisenbach in München ein Patent auf das Verfahren der Netzätzung, der «Autotypie». 1884 begann die Reichsdruckerei in Berlin mit der Herausgabe eines großen Mappenwerks «Druckschriften des 15. bis 18. Jahrhunderts in getreuen Nachbildungen». 1886 wurde in der Setzerei der «New York Tribune» die erste von dem Württemberger Ottmar Mergenthaler erfundene Zeilen-Setz- und Gießmaschine, die «Linotype», aufgestellt. Zu ihr trat 1888 die für den gleichen Produktionszweck konstruierte Maschine «Typograph» in Konkurrenz, erfunden von dem US-Amerikaner John P. Rogers.

Die nur wenigen hier herausgegriffenen Markierungspunkte einer ungeheuren technischen Veränderung, bei der auch die Fortschritte in der maschinellen Herstellung des Papiers oder die Erfindungen im Bereich der industriellen Buchbinderei großen Anteil haben – nicht zu vergessen die enormen Expansionen von Druck- und Verlagshäusern im gleichen Zeitraum –, machen begreiflich, daß bei dieser Massenproduktion das Niveau der Schrift- und Druckerzeugnisse allgemein erheblich herabsank, von wenigen Ausnahmen abgesehen.

Man muß auch die in der zweiten Hälfte des 19. Jahrhunderts besonders erkennbare Stil-Unsicherheit in allen künstlerischen Bereichen ins Auge fassen, wenn man den neuen Formwillen kurz vor der Jahrhundertwende richtig verstehen will. Da sich zum erstenmal seit Jahrhunderten kein über Grenzen hinaus greifender Kunst-Stil entwickelte, wurde auf Vorbilder früherer Jahrhunderte zurückgegriffen; ein vielfach ungezügelter Historismus machte sich breit. Fabrikhallen, Bahnhöfe, Postämter und andere Gebäude wurden wie Kirchen oder Burgen gebaut, teils mit romanischen, teils mit gotischen Stilformen, oft auch gemischt, und der Villen-Stil der «Gründerjahre» (ab 1870) brachte die kuriosesten Mischformen hervor, die heute schon wieder als erhaltenswerte Zeugnisse jener Zeit unter Denkmalschutz stehen. Ebenso historisierend, verwirrend und oft sonderbar waren die neuartigen Schrift-Gestaltungen, besonders der ornamentierten Schriften. Die umfangreichen Schriftmusterbücher jener Jahre sind wahre Fundgruben für Zeugnisse von Einfallsreichtum bis zur Geschmacklosigkeit und Unleserlichkeit.

Als Zeichen guten Formwillens, wenn auch in historisierendem Gebaren, sind manche Bewegungen und Einzelleistungen zu sehen: So wurden beispielsweise in London im Jahr 1840 für den Buchdrucker Charles Whittingham alte Schriften der Gießerei Caslon (aus dem Jahre 1734) neu gegossen; hier kündigte sich ein Geschmackswandel an, der zur Wiederbelebung des alten Schriftstils («Mediäval») führen sollte. 1874 gründete Max Huttler in München eine Druckerei, die bald durch ihre Druckarbeiten im Stil der «Münchner Renaissance» bekannt wurde. Als 1876 in München in einer Kunstgewerbe-Ausstellung eine Abteilung unter dem Titel «Unserer Väter Erbe» mit Werken aus dem 15. und 16. Jahrhundert eingerichtet wurde, war der Anstoß zur historischen Stilbewegung «Münchner Renaissance» gegeben, die bald auch das Buchgewerbe und die Schriftkunst erfaßte. Der Maler, Heraldiker und Wissenschaftler Otto Hupp war einer der führenden Köpfe dieser Bewegung, die sehr großen Wert auf Qualität legte; Schriften von Hupp sind im vorliegenden Buch in den Abbildungen 165–167 wiedergegeben.

Für die Entwicklung in England war vor allem die Londoner Ausstellung «Arts and Crafts» von 1888 ausschlaggebend; der Buchdrucker Emery Walker hielt dort vielbeachtete Vorträge. 1891 kam es zur folgenreichen Gründung der Kelmscott Press in Hammersmith bei London durch den Kunsthandwerker, Dichter und Sozialisten William Morris, zusammen mit Emery Walker.

In Ablehnung der Maschine, die ihnen für alle schlechte Qualität verantwortlich schien, stellten sie mit ihren hochbefähigten wenigen Mitarbeitern die Bücher voll auf handwerklicher Basis her; sie entwarfen, schnitten und gossen die Schriften selbst, schnitten Illustrationen in Holz, schöpften die Papiere für ihre Werke und druckten diese von Hand. Der Stil der von Morris gestalteten Schriften hingegen war ausgesprochen mittelalterlich, auch seine Holzschnitt- Dekorationen für seine Pressendrucke. Nicht der Stil der Kelmscott Press war progressiv, wohl aber ihr Tun im Sinne der höchsten Qualität in Schrift, Satz, Illustration, Papier, Druck und Bindearbeit. Dieses große Beispiel der Kelmscott Press, die nur wenige Jahre bestand, wirkte anregend auf den Kontinent und löste eine neue Buch- und Schriftkunst aus, auch die Gründung und Ausbreitung vorbildlich arbeitender Privatpressen.

Nimmt man noch das ebenso anregend wirkende Beispiel des englischen Schriftkünstlers Edward Johnston hinzu – seine berühmte, später von der deutschen Schriftkünstlerin Anna Simons ins Deutsche übersetzte Publikation «Writing and Illuminating, and Lettering», London 1906 –, so begreift man den Impetus von Lewis F. Day, dem Herausgeber des Buches «Alte und neue Alphabete», sich für ein breiteres Verständnis von Geschichte und Schönheit der Schrift und des Schreibens einzusetzen. Angeregt und beeinflußt war er auch durch den Wiener Kunstschul-Professor Rudolf von Larisch, der durch seine Veröffentlichungen «Über Zierschriften im Dienste der Kunst» (1899) und «Beispiele künstlerischer Schrift» (1900), denen bald weitere folgten, ebenfalls weithin für eine neue Schriftkunst warb. In seinen Büchern ist der um 1900 weltweit verbreitete letzte Einheitsstil «Art Nouveau» (in der deutschen Variante «Jugendstil» und in der österreichischen Form «Wiener Sezession») mit interessanten Beispielen vertreten – Day hat auch Beispiele aus Larischs Buch übernommen.

Lewis F. Day will mit diesem Buch zum einen anregen, «die Entwicklung der Buchstabenformen zu verfolgen» und die zahllosen Varianten und Spielarten zu erkennen, zum anderen mit den Alphabeten «Muster» für die eigene Schreibarbeit oder für den Umgang mit Schrift vorzuführen. Ohne Anspruch auf wissenschaftliche Paläographie will sich das Buch an die «Kunstinteressierten» wenden. In ansprechendem Erzähl-, mitunter Plauderton läßt der Herausgeber – nach einem beschreibenden Verzeichnis der Abbildungen – erst einmal die Geschichte der Schrift Revue passieren; in einprägsamen Bemerkungen und Vergleichen bringt er dem Leser/Betrachter die geschichtlichen Abläufe von der Antike bis ins 18. Jahrhundert anschaulich nahe, reich illustriert durch Wiedergaben alter Handschriften; «Gestalt und Gesicht der Buchstaben erklären sich nur aus ihrer Abstammung» – so lautete Days logische Begründung.

Der dann folgende Hauptteil des Buches, die Wiedergabe alter und neuer Alphabete (auch Ziffern und Et-Zeichen), macht den großen Reiz dieses Schriftmusterbuchs aus und ist zugleich ein Novum in der reichhaltigen Literatur zur Schriftkunst, da er von allen Schriften durchweg die Alphabete vorführt. Das ist natürlich eine sorgsam ausgeführte Montage-Arbeit, denn als Alphabete in ihrer gültigen Reihenfolge hat man alte Schriften vor der Einführung von Musterbüchern in der Neuzeit nicht sehen können. Zur möglichst vollständigen Alphabet-Darstellung mußte der Herausgeber oft fehlende Buchstaben ergänzend nachzeichnen, was er auch im Vorwort mitteilt.

Interessant ist die ganz persönliche Auswahl der Schriften für das Alphabet-Musterbuch durch den Herausgeber. Man erkennt bald, daß er seine im Vorwort angekündigte Absicht, «auf die zahllosen Varianten und Spielarten hinzuweisen», konsequent verfolgt. Im Vorwort des Verlegers zur zweiten Auflage wird die Absicht mitgeteilt, dieser Auflage «einen Anhang beizugeben, in dem die neuesten und bedeutendsten Schrift-Alphabete der modernen deutschen Schriftgießereien zur Veranschaulichung kommen sollten»; leider hätten jedoch der Verwirklichung dieser Absicht Schwierigkeiten entgegengestanden. Das ist bei einem Musterbuch von 1906 wirklich bedauerlich, denn es fehlen die seit 1900 von der Offenbacher Rudhard'schen Gießerei (ab 1906 unter dem Firmennamen Gebr. Klingspor) herausgebrachten Schriften wie «Eckmann», «Behrens-Schrift» und andere, die damals wahrhaftig bahnbrechend waren und das Schriftwesen revolutionierend beeinflußten. Das Verleger-Vorwort läßt auch erkennen, daß man diese Schriften und ihre Bedeutung kannte. Was in Offenbach am Main, dann auch im benachbarten Frankfurt bei der Bauerschen Gießerei und der Schriftgießerei D. Stempel AG, aber auch in Hamburg und an anderen Orten an interessanten neuen Schriften um und nach 1900 auf den Markt kam, ist in der einschlägigen Fachliteratur hinlänglich bezeugt. Der Gesamtwirkung des von Day herausgegebenen Mustersbuchs tut der Mangel an den neuesten

Alphabeten kaum Abbruch. Es ist ein lehrreiches, lebendiges und zeittypisches Kompendium zum vielfältigen Thema «Schrift».

Über den Herausgeber ist in der Fachliteratur nichts zu ermitteln. Schon 1898 hat er die englische Ausgabe der alten und neuen Alphabete unter dem Titel «Alphabets old & new ...» in London herausgebracht. Die erste deutsche Ausgabe erschien im Jahr 1900 in einem sehr typischen Jugendstil-Einband mit nur 178 Abbildungen (gegenüber den 219 Abbildungen der hier vorliegenden Ausgabe). Die dritte und völlig neu bearbeitete Auflage und deren unveränderte Übernahme in der vierten Auflage von 1926 wurden von Hermann Delitsch herausgegeben, im Vergleich mit der hier wiedergegebenen weitaus weniger interessant und reizvoll. Von Delitsch erfährt man aus seinem 1928 erschienenen Buch über die Schriftkunst lediglich, daß seit den 80er Jahren englische Künstler wie Morris, Crane, Day, Johnston, Smith, Gills und andere damit begonnen haben, der Schrift wieder regeres Interesse zu widmen.

Es ist zu erwarten, daß Days Musterbuch gerade heute wieder auf weite Beachtung stoßen wird, hat sich doch in den letzten Jahrzehnten zunehmend eine breite und vertiefte Aufmerksamkeit der Schrift und dem Schreiben zugewandt, sicher nicht zuletzt als eine Art von Gegenbewegung zur vehementen Ausbreitung der neuen elektronischen Verfahren im Schrift- und Druckwesen.

Aicher, Otl: Typographie. Berlin 1989

Bundesdruckerei Berlin: Alphabete und Schriftzeichen des Morgen- und Abendlandes. Wiesbaden 1960

Crous, Ernst und Kirchner, Joachim: Die gotischen Schriftarten. Leipzig 1928

Földes-Papp, Károly: Vom Felsbild zum Alphabet. Die Geschichte der Schrift von ihren frühesten Vorstufen bis zur modernen lateinischen Schreibschrift. Stuttgart/Zürich 1987

Friedrich, Johannes: Geschichte der Schrift. Heidelberg 1966

Haarmann, Harald: Universalgeschichte der Schrift. Frankfurt am Main/New York 1990
Halbey, Hans A.: Scriptura. Dortmund 1990
Jackson, Donald: Alphabet. Die Geschichte vom Schreiben. Frankfurt am Main 1981
Jensen, Hans: Die Schrift in Vergangenheit und Gegenwart. Berlin 1969
Kapr, Albert: Schriftkunst. Geschichte, Anatomie und Schönheit der lateinischen Buchstaben. Dresden 1971
Klingspor, Karl: Über Schönheit von Schrift und Druck. Erfahrungen aus fünfzigjähriger Arbeit. Frankfurt am Main 1949
Massin: Buchstabenbilder und Bildalphabete. Ravensburg 1970
Stübe, R.: Der Ursprung des Alphabets und seine Entwicklung. Berlin 1921
Wenle, Karl: Vom Kerbstock zum Alphabet. Urformen der Schrift. Stuttgart 1915
Wills, Franz Hermann: Schrift und Zeichen der Völker von der Urzeit bis Heute. Düsseldorf/Wien 1977